北大版对外汉语教材·基础教程系列

风光汉语

中级口语 I

丛书主编　齐沪扬
丛书副主编　张新明　吴　颖
主　　编　金英实
编　　者　金英实　钱　彬　王敏杰　闫丽丽

图书在版编目（CIP）数据

风光汉语：中级口语Ⅰ/金英实主编.—北京：北京大学出版社，2011.3
（北大版对外汉语教材·基础教程系列）
ISBN 978-7-301-18535-3

Ⅰ.风…　Ⅱ.金…　Ⅲ.汉语–口语–对外汉语教学–教材　Ⅳ.H195.4

中国版本图书馆CIP数据核字（2011）第020244号

书　　名：	风光汉语：中级口语Ⅰ
著作责任者：	金英实　主编
责 任 编 辑：	旷书文　刘　正
标 准 书 号：	ISBN 978-7-301-18535-3/H·2757
出 版 发 行：	北京大学出版社
地　　　址：	北京市海淀区成府路205号 100871
网　　　址：	http://www.pup.cn
电 子 信 箱：	zpup@pup.cn
电　　　话：	邮购部 62752015　发行部 62750672　出版部 62754962　编辑部 62754144
印 刷 者：	北京虎彩文化传播有限公司
经 销 者：	新华书店
	787毫米×1092毫米　16开本　10.25印张　250千字
	2011年3月第1版　2025年9月第2次印刷
定　　　价：	32.00元

未经许可，不得以任何方式复制或抄袭本书之部分或全部内容。
版权所有，侵权必究
举报电话：010-62752024　电子信箱：fd@pup.pku.edu.cn

前　言

　　随着社会经济的发展，旅游日益成为人们生活中密不可分的重要部分。世界各地和中国都有着丰富的旅游资源，来中国旅游的外国游客数量逐年递增，中国公民的境外游人数也以惊人的速度上升。据世界旅游组织预测，到2020年，中国将成为世界上第一大旅游目的地国和第四大客源输出国。这种不断发展的新态势，促使日益兴旺的对外汉语教学事业需要朝着多元化的方向发展：不仅要满足更多的外国人学习汉语的需要，而且还要培养出精通汉语，知晓中国文化，并能够用汉语从事旅游业工作的专门人才。大型对外汉语系列教材《风光汉语》，正是为顺应这一新态势而编写的。

　　上海师范大学对外汉语学院设有HSK（旅游）研发办公室。作为国家级重点项目"汉语水平考试（旅游）"的研发单位，依靠学院自身强大的学科优势与科研力量，经过详尽的调查分析与严密的科学论证，制定出"HSK［旅游］功能大纲"和"HSK［旅游］常用词语表"，为编写《风光汉语》奠定了重要的基础。而学院四十多年的对外汉语教育历史和丰富的教学经验，以及众多专家教授的理论指导和精心策划，更是这套教材得以遵循语言学习规律，体现科学性和适用性的根本保证。

　　上海师范大学对外汉语学院2005年申报成功上海市重点学科"对外汉语"。在重点学科的建设过程中，我们深刻地认识到教材的编写与科学研究的支撑是分不开的。HSK（旅游）的研发为教材的编写提供了许多帮助，可以这么说，这套教材就是HSK（旅游）科研成果的转化形式。我们将这套教材列为重点学科中的科研项目，在编写过程中给予经费上的资助，从而使教材能够在规定的期限内得以完成。

　　从教材的规模上说，《风光汉语》是一套体系完整的对外汉语教材，共分

26册。从教材的特点上说，主要体现在以下几个方面：

一、系统性

在纵向系列上，共分为六个等级：初级Ⅰ、初级Ⅱ；中级Ⅰ、中级Ⅱ；高级Ⅰ、高级Ⅱ。各等级在话题内容、语言范围和言语技能的编排顺序上，是螺旋式循序渐进的。

在横向系列上，各等级均配有相互协调的听、说、读、写等教材。在中、高级阶段，还配有中国社会生活、中国文化等教材。

因此，这套教材既可用作学历制教育本科生的主干教材，也适用于不同汉语学习层次的长期语言生。

二、功能性

教材以"情景—功能—结构—文化"作为编写原则，课文的编排体例以功能带结构，并注重词汇、语法、功能项目由浅入深的有序渐进。

此外，在着重培养学生汉语听、说、读、写的基本技能，以及基本言语交际技能的前提下，突出与旅游相关的情景表现（如景区游览、组织旅游、旅游活动、饭店实务等），并注重其相关功能意念的表达（如主客观的表述、旅游社交活动的表达、交际策略的运用等），努力做到语言训练与旅游实务的有机统一。

三、现代性

在课文内容的编写方面，注重在交际情景话题的基础上，融入现代旅游文化的内容。同时，较为具体地介绍中国社会的各个侧面、中国文化的主要表现与重要特征，以使教材更具创新性、趣味性、实用性和现代感。

四、有控性

教材力求做到词汇量、语法点、功能项目分布上的均衡协调、相互衔接，并制定出了各等级的词汇、语法和功能项目的范围与数量：

● 词汇范围

初级Ⅰ、Ⅱ以汉语词汇等级大纲的甲级词（1033个）、部分乙级词和HSK

（旅游）初级词语表（1083个）为主，词汇总量控制在1500—2000个之间。

中级Ⅰ、Ⅱ以汉语词汇等级大纲的乙级词（2018个）、部分丙级词和HSK（旅游）中级词语表（1209个）为主，词汇总量（涵盖初级Ⅰ、Ⅱ）控制在3500—4000个之间。

高级Ⅰ、Ⅱ以汉语词汇等级大纲的丙级词（2202个）、部分丁级词和HSK（旅游）高级词语表（860个）为主，词汇总量（涵盖初级Ⅰ、Ⅱ和中级Ⅰ、Ⅱ）控制在5500—6000个之间。

● 语法范围

初级Ⅰ、Ⅱ以汉语语法等级大纲的甲级语法大纲（129项）为主。

中级Ⅰ、Ⅱ以汉语语法等级大纲的乙级语法大纲（123项）为主。

高级Ⅰ、Ⅱ以汉语语法等级大纲的丙级语法大纲（400点）为主。

● 功能范围

初级Ⅰ、Ⅱ以HSK（旅游）初级功能大纲（110项）为主。

中级Ⅰ、Ⅱ以HSK（旅游）中级功能大纲（127项）为主。

高级Ⅰ、Ⅱ以HSK（旅游）高级功能大纲（72项）为主。

此外，在语言技能的训练方面，各门课程虽各有侧重、各司其职，但在词汇、语法、功能的分布上却是相互匹配的。即听力课、口语课中的词汇、语法与功能项目范围，基本上都是围绕读写课（或阅读课）展开的。这样做，可有效地避免其他课程的教材中又出现不少新词语或新语法的问题，从而能在很大程度上减轻学生学习和记忆的负担。同时，这也保证了词汇、语法重现率的实现，并有利于学生精学多练。因此，这是一套既便于教师教学，也易于学生学习的系列性教材。

本教材在编写过程中，得到北京大学出版社的大力支持：沈浦娜老师为教材的策划、构架提出过许多中肯的意见，多位编辑老师在出版此教材的过程中，更是做了大量具体而细致的工作，在此谨致诚挚的谢意。这套教材在编写过程中，曾经面向学院师生征集过书名，说来也巧，当初以提出"风光汉语"中选并以此获奖的旷书文同学，被沈浦娜招至麾下，并成为她的得力干将，在这套教材出版联络过程中起到极大的作用。

最后要说明的是,本教材得到上海市人文社会科学重点研究基地的资助,基地编号:SJ0705。

丛书主编

编写说明

《风光汉语·中级口语》是中级汉语口语教材，分Ⅰ、Ⅱ两册。通过这两册教材（共30课）的学习，学生能够在日常生活、学习、工作、商务活动、旅游和社会交往等方面，提高汉语口语交际的实践能力，熟练、自如地运用汉语与他人交流，完成口语交际任务。

本书为第一册。本册课文中，人物的活动场所主要集中在名胜古迹、旅游途中、市区、宾馆（酒店）、社区、学校、公司、宿舍、聚会等。课文的话题及情境主要是旅游活动、经历、爱好、风俗习惯、中国文化、养生、做客、接待、交往、友情、爱情、性格、环境、股票、学校生活、面试、工作、做义工、社会问题等，多为学习者在实际生活中可能遇到的、需要完成的各项言语交际任务，涉及到日常衣、食、住、行的方方面面。以此来加深学生对某个交际情境、主题相关的各项交际功能项目、语言点的理解、掌握与熟练运用。

希望通过这册教材（共15课）的学习，学生能进一步掌握并熟练运用更多的日常生活用语，能够熟练进行日常会话，正确表达自己的意图或叙述某一事情的基本内容，提高学生的汉语口头交际能力。

第二语言教学的技能培养一般为听、说、读、写几个方面，从言语交际的角度看，听、说技能的培养更为重要，大量的交际任务是通过口头表达来完成的。中级阶段的汉语学习更应重点培养学生的听、说技能，教学重点在于词汇学习和言语技能训练，如中级词汇和句型的操练等，同时初步掌握篇章和成段的表达方式。遵循这一原则，参照教学实践的有效经验，我们在编写《风光汉语·中级口语Ⅰ》时注重即时性、情境性及互动性，尽可能地为学习者提供近乎真实的情景，让学习者直接接触社会生活中的语言材料，让他们模拟交际活动，进行语言运用操练，逐步提高中级汉语阶段的会话水平。与此同时，在课后练习中，对词汇、句型、成段表达（篇章）的训练做了专门设计与编排。

　　本册共出现约 600 个生词，主要为中级词汇，也包括极小部分常用超纲词。平均每课 40 个生词。每篇课文由三部分构成，课文一和课文二为会话体，课文三为篇章。课文一、课文二的长度一般各为 350 字左右，课文三的长度在 200 字左右。每课课文都安排 6 个句型，话题围绕这些语法点、常用表达法和功能项目展开。为与中级汉语读写课课型相区别，本教材不专门设立课文中的相关语言点的注释与说明。要求掌握的语言点（包括重点词语和语法项目）都编排在课后练习中，以练代讲，希望学生通过学习课文及课后的相关练习理解、掌握并学会运用。每一课课前有供学习者展开相关讨论的"热身"环节，方便教师有效组织、开展教学活动。课后练习注重循序渐进，从语调训练到词汇、句式、成段表达法的训练，从课文内容的熟悉掌握到相关话题的扩展、训练及篇章表达。形式多样、内容丰富、图文并用，具有交际价值。

　　对外汉语教学的宗旨在于让学生运用所学的词语进行交流，以提高语言交际的实际能力。而中级汉语口语课正是学习者进一步学习运用汉语进行会话、交际的更高平台，在这里，学生可以学到解决各种问题所必需的较高程度的口语交际表达方式、交际策略和交际能力。因此，中级汉语口语的教学与训练是相当重要的，有助于学生更快、更多地掌握汉语言交际策略。我们相信，只有多听、多说、多练习，才能更快地提高汉语口语水平，使学生的汉语水平更上一个台阶。

　　时间与编者水平有限，书中难免有诸多疏漏与不足，敬请使用者提出宝贵意见。谢谢！

编　者

2011 年 2 月

目 录

第 一 课	关注"亚健康"	1
第 二 课	流行时尚——森林浴	11
第 三 课	明天我要参加一个面试	20
第 四 课	阳朔仙境	30
第 五 课	父母相亲会	39
第 六 课	美中不足	49
第 七 课	炒　股	58
第 八 课	星座与性格	67
第 九 课	中国功夫	77
第 十 课	中　奖	87
第十一课	美梦成真	96
第十二课	中国的假日制度	105
第十三课	我觉得自己应该没问题	114
第十四课	你听说过汉语桥比赛吗？	124
第十五课	长不大的孩子	133
生 词 表		143

第一课　关注"亚健康"

1. 你的生活有规律吗？你最近感到有压力吗？
2. 你觉得你现在身体怎么样？健康吗？
3. 你有没有做过足疗？

昨天夜里我通宵没睡

（一天早上，哈利和李阳在食堂碰到了……）

哈　利：李阳，早啊！

李　阳：早，哈利。

哈　利：你昨天晚上是不是又熬夜了？

李　阳：是的。你是怎么看出来的？是不是因为我的"熊猫眼"？

哈　利：呵呵，你也知道啊！你的眼睛周围都是黑的。

李　阳：最近忙着赶论文，好多天都没好好睡觉了。

哈　利：你也太拼命了吧？这样下去，非把身体累垮不可。

李　阳：可是没办法，论文写不好毕不了业啊。

哈　利：为什么不在白天写？

李　阳：我这人是个夜猫子。白天什么事儿都干不了，一到半夜就来精神，想睡也睡不着。

哈　利：你别说，像你这样的人还挺多的！

李　阳：是的，白天睡觉，晚上干活，我都习惯了。

哈　利：这习惯可不好。我准备现在去操场上跑几圈，你要不要也一起去锻炼锻炼？

李　阳：不去了，我都困得不行了，得赶紧回去睡觉去。

哈　利：好吧，睡个好觉！

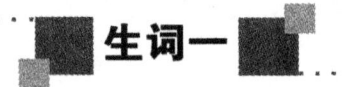 New words

1. 足疗	zúliáo	（名）	foot massage
2. 通宵	tōngxiāo	（名）	through the night; all night
3. 碰到	pèngdào	（动）	come into contact with; come up against
4. 熬夜	áo yè	（动）	sit up; stay up all night
5. 周围	zhōuwéi	（名）	around; all around
6. 拼命	pīn mìng	（形）	exerting the utmost strength; at full split
7. 垮	kuǎ	（形）	break down; collapse
8. 圈	quān	（量）	circle

注 释

1. 熊猫眼：眼睛周围发黑，像熊猫的眼睛一样，经常熬夜的人眼睛容易这样。
2. 夜猫子：比喻习惯于晚上很晚睡觉的人。

课文二　　Text

亚健康问题

（电视节目中，主持人和几个嘉宾正在讨论现代社会人们的健康问题）

主持人：现在在城市中流行一个新词，叫"亚健康"，不知道大家听说过没有。

嘉宾甲：是的。它是指城市中的人们由于工作太繁忙，承受的压力太大，身体表面上看起来没病，其实面临着健康危机。

主持人：随着很多人意识到这个问题，现在大家越来越舍得在健康上投资了。

嘉宾乙：对，花钱买健康。所以现在的健身房、游泳馆才会火得不得了。

主持人：各位在健康上都做了哪些投资？

嘉宾丙：我办了健身俱乐部和游泳馆的会员卡，不过很少去。因为健身房的项目太枯燥，游泳池的水又太浅，人也多，所以提不起兴趣。

嘉宾甲：我也是。一开始还有点儿新鲜劲儿，后来就三天打鱼，两天晒网了。

主持人：也有人说，健康其实不一定非要投资，只要作息时间有规律加上心情愉快，就能基本保证健康。

嘉宾甲：那是当然的，不过我估计对现代人来说，这三点都很难做到。

嘉宾乙：我觉得，还有更多其他方式，K歌、购物、看电影都可以使心情愉快，也不难做到。

主持人：总之，我们应该学会选择最适合自己的方式，来保证自己的健康。

生词二　New words

1.	主持人	zhǔchírén	（名）	host
2.	嘉宾	jiābīn	（名）	guest
3.	繁忙	fánmáng	（形）	busy
4.	承受	chéngshòu	（动）	endure
5.	表面	biǎomiàn	（名）	apparently
6.	面临	miànlín	（动）	be confronted with; be faced with

第一课　关注"亚健康"

7. 危机	wēijī	（名）	conjuncture; crisis
8. 舍得	shěde	（动）	be willing to (spend the money)
9. 投资	tóuzī	（动）	invest
10. 意识到	yìshidao	（动）	be conscious of; wake up to
11. 健身房	jiànshēnfáng	（名）	gymnasium
12. 项目	xiàngmù	（名）	item
13. 枯燥	kūzào	（形）	boring
14. 浅	qiǎn	（形）	shallow
15. 估计	gūjì	（动）	estimate; suppose
16. 保证	bǎozhèng	（动）	ensure

注　释

三天打鱼，两天晒网：比喻做事不能坚持。

课文三　　　　Text

足疗

（一位外国朋友说……）

从我第一次去足疗中心开始，我就爱上了足疗。我有一个固定的按摩师，每次去足疗中心我都会请他帮我按摩，虽然他是一个盲人，但是他却有一双神奇的手，能够帮我缓解全身的疼痛和紧张。

足疗是一项安全舒适而且具有治疗效果的保健服务。足部按摩作为一个古老的治疗手段，在中国已经存在几千年了。在我的家乡美国，人们觉得这些服务很奢侈，但是在中国，我可以每周都去"奢侈"一下，还能剩些钱存到银行，因为在中国，这些服务比较便宜。

生词三　New words

1. 固定　　gùdìng　　　（形）　　fixed
2. 按摩师　ànmóshī　　　（名）　　massagist
3. 盲人　　mángrén　　　（名）　　blind; blindman
4. 神奇　　shénqí　　　 （形）　　supernatural
5. 缓解　　huǎnjiě　　　（动）　　relieve
6. 舒适　　shūshì　　　 （形）　　comfortable; easeful
7. 保健　　bǎojiàn　　　（动）　　health care; health protection
8. 古老　　gǔlǎo　　　　（形）　　ancient
9. 奢侈　　shēchǐ　　　 （形）　　extravagant; luxurious

练习　Exercises

一、朗读下面的句子，请注意语音、语调　Read the sentences aloud and pay attention to the tone

1. 你昨天晚上是不是又熬夜了？
2. 你也太拼命了吧？
3. 这样下去，非把身体累垮不可。
4. 你别说，像你这样的人还挺多的！
5. 我都困得不行了。
6. 所以现在的健身房、游泳馆才火得不得了。
7. 一开始还有点新鲜劲，后来就三天打鱼，两天晒网了。
8. 足疗是一项安全舒适而且具有治疗效果的保健服务。

二、替换练习　Substitution

1. 这样下去，非把身体累垮不可。

你这样做	把他气死
空调温度开得这么低	把孩子冻感冒
你这样花钱	把钱花光

2. 论文写不好毕不了业啊。

工作	做	好	回	家
工作	找	到	赚	钱
钱	借	到	买	房子

3. 你别说，<u>像你这样的人还挺多的</u>。

这道菜	真挺好吃的
外面	真挺冷的
小李	挺受大家欢迎的

4. <u>不去了</u>，我都<u>困</u>得不行了。

去吃饭吧	饿
不爬了	累
别说了	气

5. 赶紧<u>回去睡觉去</u>！

   去火车站买票
   回家看看
   给人家道歉

6. <u>所以现在的健身房、游泳馆才火得不得了</u>。

   去年夏天，上海热
   得了冠军，小李激动
   一天没吃了，我饿

三、根据所给词语完成对话　Accomplish the dialogue according to the given words

1. A：听说昨天晚上你和朋友举办晚会了？
   B：_____。（通宵）

2. A：_____。（表面上）
   B：但是它实际上已经不能工作了。

3. A：你说我应该怎样做才能不失眠？
   B：＿＿＿＿＿＿＿＿＿＿＿＿＿＿＿＿＿。 （保证）

4. A：你每天都去高尔夫球场练习吗？
   B：＿＿＿＿＿＿＿＿＿＿＿＿＿＿＿＿＿。 （固定）

5. A：＿＿＿＿＿＿＿＿＿＿＿＿＿＿＿＿＿？ （缓解）
   B：听音乐，看电影，游泳。

6. A：他们三个人一顿饭吃了两千元。
   B：＿＿＿＿＿＿＿＿＿＿＿＿＿＿＿＿＿。 （奢侈）

四、按照下面的提示复述课文　Recite the text according to the prompt

课文一

（熬夜　熊猫眼　赶论文　拼命　非……不可　夜猫子　你别说　白天　半夜　跑几圈　困）

课文二

（繁忙　压力　表面　危机　意识　舍得　投资　火　会员卡　枯燥　浅　提不起兴趣　新鲜劲　三天打鱼，两天晒网　有规律　愉快）

课文三

（第一次　爱上　固定　按摩师　盲人　神奇　缓解　安全舒适　治疗效果　古老　奢侈）

五、根据下面的情景作对话练习　Make a dialogue according to the scene

1. 内容：夜里十二点了，一个学生还在上网，他的同屋劝他睡觉。
   角色：两个室友

2. 内容：一个人看起来很累，他的朋友问他原因。
   角色：两个朋友

3. 内容：一群朋友在讨论用哪种方式保持健康最好。
   角色：一群朋友

六、请你说说   Have a talk

1. 你的家乡生活节奏快吗？人们的压力大吗？有哪些表现？

2. 你呆在中国哪个城市，你觉得这儿生活节奏快吗？你喜欢悠闲的生活还是紧张的生活？为什么？

3. 请说说你理想中健康的生活方式。

第二课　流行时尚——森林浴

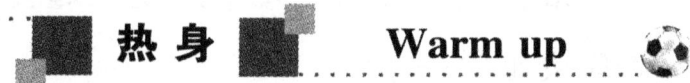

1. 你了解森林浴吗？说说看？
2. 你喜欢森林浴吗？为什么？

森林浴

李　阳：丽莎，你在干什么呢？

丽　莎：我在看森林浴的资料。你知道什么是森林浴吗？

李　阳：我当然知道，森林浴是近年来兴起的一种流行时尚，就是到树林中去沐浴那里特别的空气。怎么？你对森林浴感兴趣？

丽　莎：相当感兴趣。森林浴在欧洲很流行。

李　阳：森林浴在中国也越来越受到人们的喜爱。

丽　莎：那我考考你，你知道森林浴有什么好处吗？

李　阳：知道一些。当森林里的树木释放出来的一些成分被人体吸收之后，可以帮助人体抵抗病菌。因为森林浴有这些特点，所以已经成为最佳休闲活动之一了。

丽　莎：是啊，只要走进森林里，呼吸树木的香气，听听小溪的流水声，就可以让人心旷神怡啊！

李　阳：这么说你去过森林浴？

丽　莎：我在法国去过几回，可是来上海以后一次也没去过。

李　阳：有机会的话，我们可以约几个朋友一起去。

丽　莎：好，你尽快组织一下吧。

生词一　New words

1.	森林浴	sēnlínyù	（名）	forest bath
2.	近年	jìnnián	（名）	recent years
3.	兴起	xīngqǐ	（动）	spring up
4.	时尚	shíshàng	（名）	fashion
5.	沐浴	mùyù	（动）	bathe
6.	相当	xiāngdāng	（副）	quite
7.	释放	shìfàng	（动）	release
8.	成分	chéngfèn	（名）	component
9.	人体	réntǐ	（名）	human body
10.	吸收	xīshōu	（动）	absorb
11.	抵抗	dǐkàng	（动）	resist

12.	病菌	bìngjūn	（名）	germina
13.	最佳	zuìjiā	（形）	first-rank
14.	小溪	xiǎoxī	（名）	brook
15.	心旷神怡	xīn kuàng shén yí		completely relaxed and happy

课文二　Text

一起去森林浴

（在校园里）

李　阳：哎，哈利，这个周末你有什么安排吗？

哈　利：还没有，什么事？

李　阳：那太好了。丽莎和我打算去森林浴，我已经约了金大永、黄佳佳，他们都愿意去。如果你有兴趣的话，就一起去吧。

哈　利：好主意，算我一个。

李　阳：我们决定这个周六早上八点出发，你准备准备吧。

哈　利：可是森林浴我只听说过，还没去过呢。我不知道应该做些什么准备。

李　阳：我们准备去植物园，在森林里走3个小时以上，让身体多出出汗。

哈　利：那我需要准备几件换穿的衣服、一双舒服的旅游鞋，还有水，还有……

李　阳：其实森林浴并不需要带很多东西，但是在森林里多做深呼吸倒是必不可少的。

哈　利：我知道，深呼吸有利于吸入清气，排出浊气……

李　阳：哈哈，你说对了，森林里有负离子、芬多精等多种成分，它们有显著的放松和保健作用。所以说森林浴对身体要多好有多好。

哈　利：听你这么一说，我只要带上我的鼻子就行了。

生词二　New words

1.	其实	qíshí	（副）	actually
2.	倒（是）	dào(shì)	（副）	on the contrary
3.	必不可少	bì bù kě shǎo		indispensable
4.	深呼吸	shēnhūxī	（动）	deep breathing
5.	有利于	yǒulìyú	（动）	beneficial
6.	清气	qīngqì	（名）	fresh air
7.	吸入	xīrù	（动）	inhale
8.	排出	páichū	（动）	discharged
9.	浊气	zhuóqì	（名）	air exhaled
10.	负离子	fùlízǐ	（名）	negative ion
11.	芬多精	fēnduōjīng	（名）	Phytoncide
12.	显著	xiǎnzhù	（形）	marked
13.	放松	fàngsōng	（动）	relax

课文三 Text

关于森林浴

(哈利谈森林浴)

周末，我和李阳还有几个留学生朋友去森林浴了。所谓森林浴，就是进入森林，全身沐浴森林的香气。当我走进森林，就情不自禁地深吸了一口新鲜空气，顿时感觉精神很爽。我觉得森林里的空气的确和都市不一样。在森林里，可以使人感觉充满活力，可以使头脑清醒，运动能力提高，可以让身体和心情彻底放松。我想，这就是人们喜爱森林浴的原因。走一趟森林，不但身体运动了，而且那种喜悦和痛快的感受，没有享受过森林浴的人是体验不到的。

生词三 New words

1.	进入	jìnrù	(动)	come into
2.	香气	xiāngqì	(名)	fragrance
3.	情不自禁	qíng bú zì jīn		cannot help doing
4.	顿时	dùnshí	(副)	at once
5.	爽	shuǎng	(形)	comfortbale
6.	充满	chōngmǎn	(动)	full of

7. 活力	huólì	（名）	vigor
8. 头脑	tóunǎo	（名）	brain
9. 清醒	qīngxǐng	（形）	sober
10. 喜悦	xǐyuè	（形）	joyment
11. 痛快	tòngkuài	（形）	comfortable
12. 享受	xiǎngshòu	（动）	enjoy
13. 体验	tǐyàn	（动）	experience

练习 Exercises

一、朗读下面的句子，请注意语音、语调 Read the sentences aloud and pay attention to the tone

1. 怎么？你对森林浴感兴趣？
2. 相当感兴趣。森林浴在欧洲很流行。
3. 是啊，只要走进森林里，呼吸树木的香气，听听小溪的流水声，就可以让人心旷神怡啊！
4. 这么说你去过森林浴？
5. 好主意，算我一个。
6. 我知道，深呼吸有利于吸入清气，排出浊气……
7. 所以说森林浴对身体要多好有多好。
8. 听你这么一说，我只要带上我的鼻子就行了。

第二课　流行时尚——森林浴

二、替换练习　Substitution

1. 因为森林浴有这些特点，所以已经成为最佳休闲活动之一了。

那个歌星唱歌很好听	最受欢迎的歌星
我们的口语老师很认真	最佳教师
上海又大又时尚	世界十大都市

2. 这么说你去过森林浴？

| 你认识他的女朋友 |
| 周末你不能和我们一起去旅游 |
| 她在你们班成绩最好 |

3. 所以说森林浴对身体要多好有多好。

他妹妹	漂亮	漂亮
我们班同学	努力	努力
广州的夏天	闷热	闷热

4. 其实森林浴并不需要带很多东西，但是在森林里多做深呼吸倒是必不可少的。

交朋友	需要很多时间	真心
理想的工作	一定要很高的工资	让你开心
找女朋友	需要很漂亮	性格好

5. 听你这么一说，我带上我的鼻子就行了。

你	我想马上就去看杂技
他	这件事一定是真的
大家	她突然害怕起来了

6. 我想，这就是人们喜爱森林浴的原因。

我们觉得	丽莎成绩很好
老师说	很多游客去黄山
我想	他有很多中国朋友

三、根据所给词语完成对话 Accomplish the dialogue according to the given words

1. A：她怎么又感冒了？这已经是第五次感冒了。
   B：_____。（抵抗）

2. A：你知道人什么时间睡觉最有利于身体健康吗？
   B：_____。（最佳）

3. A：他学了这么长时间的汉语，有进步吗？
   B：_____。（显著）

4. A：你知道什么是高原反应吗？
   B：_____。（所谓……就是……）

5. A：你对人们喝酒有什么看法？
   B：_____。（有利于）

6. A：我又要工作又要学习，所以感到压力非常大。
   B：_____。（放松）

四、按照下面的提示复述课文 Recite the text according to the prompt

课文一

（森林浴 近年 越来越…… 时尚 沐浴 人体 释放 吸收 抵抗 成为……之一 最佳 休闲 只要……就…… 小溪 心旷神怡 尽快）

课文二

(可是……还……　其实　倒是　必不可少　深呼吸　有利于　吸入　清气　排出　浊气　负离子　芬多精　显著　放松　保健　要多……有多……　听你这么一说……)

课文三

(进入　所谓……就是……　香气　情不自禁　顿时　爽　充满　活力　喜悦　痛快　感受　享受　体验)

五、根据下面的情景作对话练习　Make a dialogue according to the scene

1. 内容：你和你的朋友谈日光浴的好处。
   角色：你和你朋友

2. 内容：你和朋友谈感兴趣的休闲活动，并说出理由。
   角色：你和你朋友

3. 内容：两个朋友谈空气污染对人体的影响。
   角色：你和朋友

六、请你说说　Have a talk

1. 说说你们国家近年来流行的休闲活动。

2. 当你感觉压力很大的时候，喜欢用什么方式让自己的身体和心情得到放松？

第三课

明天我要参加一个面试

热 身 Warm up

1. 你参加过面试吗？情况怎么样？
2. 面试时，男士和女士在着装上分别要注意些什么？
3. 假如你要参加一个面试，请做一个一分钟的自我介绍。

课文一 Text

面试着装

哈 利：李阳，今天怎么打扮得这么帅啊？穿得这么精神，不是要去相亲吧？

李 阳：哪儿呀！别开玩笑了！这是我准备面试时穿的衣服，先试试。

哈 利：嗯，不错不错。

李 阳：说真的，我心里一点儿底都没有。

第三课 明天我要参加一个面试

哈　利：别紧张！看你这一身打扮，就知道你肯定没问题。

李　阳：呵呵，瞧你说的！要是凭衣服就能通过面试，那就算花再多钱买衣服也值啊！

哈　利：你可不要小看面试的着装，一身得体的装束，能够给人良好的第一印象，从而赢得面试官的好感。如果穿得太过随意，则会大打折扣。

李　阳：是吗？那你再给我参谋参谋，领带、皮鞋、衬衫还有没有问题？

哈　利：不错，搭配得很好！哎呀，你怎么穿了双白色的袜子啊？

李　阳：怎么了？白袜子有问题吗？

哈　利：黑色的皮鞋要配深色的袜子，绝对不能配白色的。

李　阳：哦，是吗？幸亏你提醒我，要不然可误了大事了。

生词一　New words

1.	着装	zhuózhuāng	（名）	clothes; dress
2.	打扮	dǎbàn	（动）	dress up
3.	精神	jīngshen	（形）	energetic
4.	相亲	xiāng qīn	（动）	blind date
5.	凭	píng	（介）	according to
6.	得体	détǐ	（形）	decent
7.	装束	zhuāngshù	（名）	costume

8. 印象	yìnxiàng	（名）	impression
9. 赢得	yíngdé	（动）	to win
10. 随意	suíyì	（形）	casual; unformal
11. 参谋	cānmóu	（动）	to advise
12. 领带	lǐngdài	（名）	tie
13. 搭配	dāpèi	（动）	to go with sth; match
14. 绝对	juéduì	（副）	absolutely
15. 幸亏	xìngkuī	（副）	luckily
16. 提醒	tíxǐng	（动）	remind
17. 要不然	yàoburán	（连）	otherwise; or

课文二　Text

面试官的问题

金大永：李阳，听说你明天就要去面试了，准备得怎么样了？

李　阳：差不多了。要不我们来模拟一下面试的场景吧？你当面试官，我来应聘。

金大永：好。首先请你谈谈，你大学里的学习成绩怎么样？

李　阳：我的成绩一直名列前茅，每年都获得奖学金，毕业时在全年级排前十名。

金大永：当过学生干部吗？

第三课　明天我要参加一个面试

李　阳：我是班长，同时还是学生会副主席，组织并参加了很多学生会的活动。

金大永：嗯，不错，我们很看重这个经历。以前听说过我们公司吗？

李　阳：听说过，贵公司实力雄厚，能够进入贵公司工作，将是我的荣幸。

金大永：那么，你认为这个职位的职责是什么？

李　阳：这个嘛……我不是很清楚，但是不论具体是什么工作，我都会尽我最大的努力去做好的。

金大永：嗯，很好。你是否有过失败的经历？要是有的话，请给我们讲讲，你从那次失败中学到了什么？

李　阳：我……我做什么事情都很成功，从来没有失败过。

金大永：哦？这个问题你还是再好好想想吧！

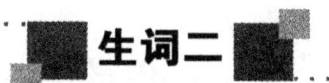 New words

1. 模拟	mónǐ	（动）	simulate
2. 场景	chǎngjǐng	（名）	scene
3. 应聘	yìngpìn	（动）	to apply (a job)
4. 名列前茅	míng liè qián máo		come out on top
5. 获得	huòdé	（动）	gain; obtain
6. 奖学金	jiǎngxuéjīn	（名）	schorlarship
7. 干部	gànbu	（名）	leader

8. 副	fù	（形）	vice-
9. 主席	zhǔxí	（名）	chairperson
10. 雄厚	xiónghòu	（形）	strong; powerful
11. 实力	shílì	（名）	strength
12. 荣幸	róngxìng	（名）	honor
13. 职位	zhíwèi	（名）	job; place; position
14. 职责	zhízé	（名）	responsibility
15. 是否	shìfǒu	（副）	whether or not

课文三　Text

面试注意事项

（一位面试官的演讲……）

大家好！我参加招聘工作很多年了，在招聘上积累了一些经验，很高兴能够在这里跟大家分享我的这些体会。其实，面试不像大家想象的那样可怕，所以一定要尽量保持镇静，不要紧张，回答问题要礼貌、自信；面试官可能会针对你简历上的内容提一些问题，所以你的简历一定要实话实说，千万不要夸大事实，一旦被面试官发现有弄虚作假的行为，会直接影响面试官对你的印象。衣着也要注意，最好穿正装，保持干净、整洁；男士要把胡子刮干净，女士最好化上淡妆。

第三课 明天我要参加一个面试

生词三　New words

1. 事项	shìxiàng	（名）	proceeding
2. 招聘	zhāopìn	（动）	employ
3. 积累	jīlěi	（动）	accumulate
4. 分享	fēnxiǎng	（动）	share
5. 体会	tǐhuì	（名）	experience
6. 尽量	jǐnliàng	（副）	as much as possible
7. 镇静	zhènjìng	（形）	calm
8. 针对	zhēnduì	（动）	aim at
9. 实话实说	shí huà shí shuō		speak the plain truth; tell it as it is
10. 千万	qiānwàn	（副）	by all means; absolutely
11. 夸大	kuādà	（动）	magnify
12. 一旦	yídàn	（副）	in case; once
13. 弄虚作假	nòng xū zuò jiǎ		to deceit

练习　Exercises

一、朗读下面的句子，请注意语音、语调 Read the sentences aloud and pay attention to the tone

1. 李阳，今天怎么打扮得这么帅啊？
2. 穿得这么精神，不是要去相亲吧？

3. 哪儿呀？别开玩笑了！

4. 说真的，我心里一点底都没有。

5. 看你这一身打扮，就知道你肯定没问题。

6. 瞧你说的！

7. 一身得体的装束能够给人良好的第一印象。

8. 幸亏你提醒，要不然可误了大事了。

二、替换练习　Substitution

1. 今天怎么打扮得这么帅啊？

今天	来得这么早
这么晚	还不睡觉
女朋友	没一起来

2. 看你这一身打扮，就知道你肯定没问题。

他的表情	他在撒谎
她的穿着	她很有钱
老师的脸色	她生气了

3. 如果穿得太过随意，则会大打折扣。

现在不改	造成更大的损失
问题现在不解决	越来越严重
不及时用完	浪费掉

4. 幸亏你提醒，要不然可误了大事了。

老板不知道	他肯定会很生气的
你没来	你就白来了
今天没下雨	运动会就没办法举行了

5. 要不我们来模拟一下面试的场景吧？

> 这事你来办吧
> 我们以后再说吧
> 你先考虑考虑吧

6. 你的简历一定要实话实说，千万不要夸大事实。

> 你明天　　准时来，　　不要迟到
> 你　　　　通知小李，　别忘了
> 你　　　　认真一点　　不要粗心大意

三、根据所给词语完成对话　Accomplish the dialogue according to the given words

1. A：_____？（凭）

   B：主要是他的外语水平很突出。

2. A：这么多饭，你吃得完吗？

   B：_____。（小看）

3. A：校长为什么批评小张？

   B：_____。（随意）

4. A：_____。（幸亏）

   B：都是朋友，别客气。

5. A：谢谢贵校给我们的支持帮助。

   B：_____。（荣幸）

6. A：请你们把对这个问题的真实想法说出来，好吗？

   B：_____。（实话实说）

四、按照下面的提示复述课文　Recite the text according to the prompt

课文一

（相亲　面试　试试　凭　小看　得体　装束　第一印象　赢得好感　随意　大打折扣　参谋　搭配　深色）

课文二

（学习成绩　名列前茅　奖学金　学生干部　看重　听说　荣幸　职责　是否　从来）

课文三

（参加　积累　分享　其实　可怕　镇静　针对　实话实说　千万　一旦　弄虚作假　影响　正装　男士　女士）

五、根据下面的情景作对话练习　Make a dialogue according to the scene

1. 内容：某位同学穿他现在穿的衣服去面试，另一位同学给他的着装提出意见。

   角色：两名同学

2. 内容：一个应聘者正在参加某公司的面试，面试官给他/她提出了很多问题。

   角色：一个应聘者和几个面试官

3. 内容：几个记者正在采访一位面试官，问面试的时候应该注意哪些问题。

   角色：几个记者和一位面试官

六、请你说说　Have a talk

1. 如果面试官问你,你是否有过失败的经历,你怎么回答?

2. 在你以前的学习或工作中,有没有让你印象深刻的一次或几次成功经历?

3. 请谈谈你经历过的一次面试。

第四课

阳朔仙境

热身 Warm up

1. 你去过阳朔吗？觉得那里的风景怎么样？那里的人怎么样？
2. 在旅行中，遇到过让你好奇的事情吗？给大家讲一讲。

课文一 Text

"打"衣服

李　阳：经常听人说"阳朔仙境"，真是名不虚传！

丽　莎：对啊！咱们真是选对地方了，太美了！

李　阳：（无可奈何地笑）是太美了，可人也太多了。

丽　莎：大家都觉得阳朔值得一游，真是英雄所见略同啊！李阳，今天早上我看到有些人在江边洗菜、洗衣服，是不是这里没有自来水啊？

李　阳：（笑）你误会了。她们之所以在江边洗，一是因为这里的水很干净，二是因为她们的长辈都在江边洗东西，是老传统了。

丽　莎：哦，原来是这样，有意思。我还注意到她们在洗衣服时还打衣服，我有点不明白是怎么回事。

李　阳：是用棍子打吧？

丽　莎：是啊，打得"砰砰"响呢！隔很远都能听到。

李　阳：（笑）那是为了减轻搓衣服的力气。而且，她们认为这样做可以洗得更干净。

生词一　New words

1.	仙境	xiānjìng	（名）	fairyland
2.	名不虚传	míng bù xū chuán		deserve one's reputation
3.	值得	zhídé	（动）	deserve
4.	自来水	zìláishuǐ	（名）	tap water
5.	误会	wùhuì	（动）	misunderstand
6.	长辈	zhǎngbèi	（名）	eldership
7.	传统	chuántǒng	（名）	tradition
8.	隔	gé	（动）	be apart from
9.	搓	cuō	（动）	rub

注 释

英雄所见略同：大家的看法、意见都差不多一样。

课文二　　Text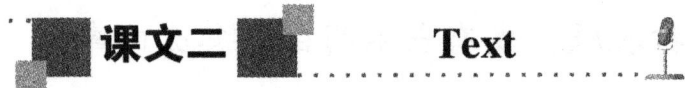

微笑是共同的语言

芳　子：从阳朔回来了？感觉怎么样啊？

丽　莎：用一个字就可以形容：美！

芳　子：那当然了！要不然怎么一放假就会有那么多游客去那儿？

丽　莎：阳朔是桂林市的一个小县城，小巧玲珑，像一粒珍珠一样闪闪发光。半个小时就可以徒步游遍全城而没有疲倦的感觉。它的美可以概括为八个字：山清、水秀、洞奇、石美。游人走在路上就像在画中一样。

芳　子：哇，那么好啊，我明年也要去看看。

丽　莎：那儿风景好，游客的素质也很高。虽然去旅游的人多，但秩序很好。

芳　子：对，跟以前相比，人们更有修养了。以前经常看到游客有不文明的行为，现在不文明的现象已经很少见了。

丽　莎：在阳朔，来自各个国家的人都能友好相处，语言不再是障碍，因为微笑是共同的语言。

生词二　New words

1. 形容	xíngróng	（动）	describe
2. 小巧玲珑	xiǎo qiǎo líng lóng		small and delicate
3. 珍珠	zhēnzhū	（名）	pearl
4. 疲倦	píjuàn	（形）	weary
5. 概括	gàikuò	（动）	generalize
6. 素质	sùzhì	（名）	quality
7. 秩序	zhìxù	（名）	order
8. 修养	xiūyǎng	（名）	self cultivation
9. 文明	wénmíng	（名、形）	civilization
10. 障碍	zhàng'ài	（名）	obstacle
11. 徒步	túbù	（动）	be on foot

课文三　Text

丽莎的建议

我觉得阳朔是桂林最美的地方。下面我给想去阳朔的朋友几点建议：第一，因为阳朔周围的景点很多，到阳朔一定要多住几天。这样，可以有足够的时间把阳朔游个够。第二，要选择旅游淡季去阳朔，否则，看景就会变成看人了。第三，可以和阳朔码头上的"阳朔"两个大字合影，相当于"到此一游"。第四，可以去西街买些阳朔山水画和画衫送给亲戚和朋友。第五，注意保护环境，做一个修养好、素质高的游客。

生词三　New words

1. 景点　　　　jǐngdiǎn　　　（名）　　scenery spot
2. 足够　　　　zúgòu　　　　（动）　　enough
3. 选择　　　　xuǎnzé　　　　（动）　　choose
4. 淡季　　　　dànjì　　　　（名）　　off-season
5. 否则　　　　fǒuzé　　　　（连）　　or else
6. 相当于　　　xiāngdāngyú　　　　　be equal to
7. 画衫　　　　huàshān　　　（名）　　painting shirt
8. 亲戚　　　　qīnqi　　　　（名）　　relative
9. 到此一游　　dào cǐ yì yóu　　　　somebody has been to this scenery spot
10. 环境　　　　huánjìng　　　（名）　　environment

第四课　阳朔仙境

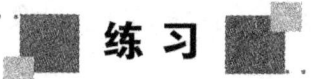

练习　Exercises

一、朗读下面的句子，请注意语音、语调　Read the sentences aloud and pay attention to the tone

1. 经常听人说"阳朔仙境"，真是名不虚传！
2. 他们也觉得阳朔值得一游，咱们和他们是英雄所见略同啊！
3. 是啊，打得"砰砰"响呢！
4. 用一个字就可以形容：美！
5. 要不然怎么会有那么多游客一放假就去那儿？
6. 游人走在路上就像在画中一样。
7. 哇，那么好啊，我明年也要去看看。
8. 以前经常看到游客有不文明的行为，现在不文明的现象已经很少见了。

二、替换练习　Substitution

1. 她们<u>之所以在江边洗</u>，一是因为<u>江水干净</u>，二是因为<u>她们的长辈都在江边洗东西</u>。

这本书	卖得好	它的内容	它的作者
她	成绩好	她喜欢思考	她很努力
小李	难过	工作太累	工资太少

2. 这样，可以有足够的时间把阳朔游个够。

　　她那么爱照相，你今天就让她照
　　他们有十几年没见面了，现在见面了，可以痛痛快快聊
　　他带我们去公园玩，租几只船，让我们玩

3. 阳朔是桂林市的一个小县城，小巧玲珑，像一粒珍珠一样闪闪发光。

我们要	对待自己的孩子	爱护学生
他们的关系很好，就	一家人	亲密
少年儿童	花儿	美丽

4. 语言不再是障碍，因为微笑是共同的语言。

我们	小孩子了，希望父母能给我们一定的自由
人们去太空旅游	一个梦想
和中国学生聊天儿	我们的难题

5. 要选择旅游淡季去阳朔，否则，看景就会变成看人了。

生病了就应该及时治疗	会加重病情
我们要玩游戏就必须遵守规则	游戏没法玩下去
你应该经常了解新信息	会失去许多赚钱的好机会

6. 和阳朔码头上的"阳朔"两个大字合影，相当于"到此一游"。

一列火车能坐一千人左右	十几辆公共汽车乘客的数量
我这个月花的钱	前三个月一共花的钱
他的饭量很大，每顿饭	别人的三、四顿

三、根据所给词语完成对话 Accomplish the dialogue according to the given words

1. A：你的丈夫真好，既大方又浪漫，还那么爱你。
   B：_____。(值得)

2. A：今天一定要做完这么多工作才可以下班吗？
   B：_____。(要不然)

3. A：＿＿＿＿＿＿＿＿＿＿＿＿＿＿＿＿＿＿。（误会）

   B：你跟她解释清楚不就行了嘛！

4. A：你每天都去听那个讲座啊？！真行！

   B：＿＿＿＿＿＿＿＿＿＿＿＿＿＿＿＿＿＿。（明白）

5. A：今天你怎么看起来一点精神都没有？

   B：＿＿＿＿＿＿＿＿＿＿＿＿＿＿＿＿＿＿。（疲倦）

6. A：我们晚上必须去参加那个辅导班吗？

   B：＿＿＿＿＿＿＿＿＿＿＿＿＿＿＿＿＿＿。（为了）

四、按照下面的提示复述课文　Recite the text according to the prompt

课文一

（名不虚传　值得　误会　之所以……是因为……　传统　有意思　明白　减轻）

课文二

（感觉　形容　一……就……　珍珠　疲倦　概括　素质　秩序　修养　友好　障碍　语言）

课文三

（建议　景点　足够　……个够　淡季　码头　合影　相当于　山水画　画衫　亲戚　环境）

五、根据下面的情景作对话练习　Make a dialogue according to the scene

1. 内容：一个留学生旅游时看到一件有趣的事，回来讲给朋友们听

   角色：留学生和中国朋友

2. 内容：两个朋友谈论对不文明现象的看法
   角色：两个朋友

六、请你说说　Have a talk

1. 你出去旅游时，有没有看到的不文明的现象？都有哪些？

2. 你是如何保护环境的？

3. 说说你旅游时去过的一个小巧玲珑的地方。

第五课

父母相亲会

1. 说说你和你的男（/女）朋友是怎么认识的？
2. 你觉得年轻人多少岁结婚最合适？
3. 如果你是单身，你会支持父母代你去参加相亲会吗？

这里正在举办"父母相亲会"

（周六下午，李阳和金大永去人民公园打球，发现公园有很多人……）

金大永：李阳，今天公园里怎么有这么多人啊？你看，树上挂了很多牌子。

李　阳：（走近看，读牌子上的字）张某某，男，工程师，月薪八千，身高一米七五，相貌英俊，欲觅条件相当女孩为伴。

金大永：李阳，你有没有发现，咱们周围都是中老年人？

李　阳：是的，我猜现在正在举办一场"父母相亲会"，他们都是来替自己的子女找对象的。

金大永：哦？"父母相亲会"？真好玩！

李　阳：以前经常在电视上看到，现在在各大城市都非常流行。

金大永：但是我没看见多少年轻人啊，难道他们自己不用来吗？

李　阳：这就叫"子女不急父母急"，年轻人一般不会亲自来到现场，有些父母还是瞒着子女来的呢。

金大永：真有意思！哎，李阳，你说，真有人能在这里给子女找到另一半吗？

李　阳：应该会有吧。你看他们都那么诚心诚意的。

金大永：真是天下之大，无奇不有！

李　阳：呵呵，见的多了也就不稀奇了。

生词一　New words

1.	牌子	páizi	（名）	tag
2.	单身	dānshēn	（形）	single
3.	薪	xīn	（名）	salary
4.	相貌	xiàngmào	（名）	appearance; facial features
5.	英俊	yīngjùn	（形）	handsome

6. 欲	yù	（动）	be would like to
7. 觅	mì	（动）	search; seek
8. 举办	jǔbàn	（动）	hold
9. 瞒	mán	（动）	keep something back from somebody
10. 诚心诚意	chéng xīn chéng yì		sincere; desire
11. 稀奇	xīqí	（形）	uncommon; unusual; strange

课文二　　Text

记者采访

（相亲会现场，一个记者正在采访一名中年妇女……）

记　　者：您好！您是替您的儿子还是女儿找对象？

中年妇女：我替我女儿找对象。

记　　者：您女儿多大了？是做什么工作的？

中年妇女：我女儿今年二十八了，在外企上班。这是她的照片。

记　　者：很漂亮啊，工作也很好。那为什么到现在都没结婚呢？

中年妇女：她工作太忙了，每天一大早坐车去上班，晚上很晚才回家，在公司里接触到的人很少，根本没时间谈恋爱，再加上她的眼光又高。所以，到现在都没找到合适的。

记　　者：我看很多未婚的男女青年条件都很好，学历、收入都不错，大部分都是白领、公务员、外企职员什么的。

中年妇女：是啊。这些大龄青年不是条件不好，而是条件太好了，所以才一直拖着。

记　　者：您今天的收获怎么样？有没有发现适合您女儿的？

中年妇女：有几个还不错。我把他们的联系方式都记下来了，也跟他们的父母聊了聊，回去我让我女儿自己和他们联系。

记　　者：好的。谢谢您接受我们的采访。祝您女儿早日找到适合她的男朋友！

生词二　New words

1. 现场　　　xiànchǎng　　（名）　　scene
2. 采访　　　cǎifǎng　　　（动）　　to interview
3. 对象　　　duìxiàng　　　（名）　　a boyfriend or a girlfriend
4. 外企　　　wàiqǐ　　　　（名）　　foreign company
5. 接触　　　jiēchù　　　　（动）　　contact; meet
6. 根本　　　gēnběn　　　　（副）　　not at all
7. 白领　　　báilǐng　　　（名）　　white-collar
8. 公务员　　gōngwùyuán　　（名）　　government officer
9. 学历　　　xuélì　　　　（名）　　academic qualification; academic records
10. 收入　　　shōurù　　　（名）　　income

11.	拖	tuō	（动）	delay; hang up
12.	收获	shōuhuò	（名）	harvest; gain

电视新闻

（电视正播放新闻……）

近几年来，在北京、上海、天津、南京等各大城市逐渐兴起一种独特的相亲形式——"父母相亲会"。由于工作上的竞争和压力太大，很多男女青年没有时间考虑个人问题，年近三十却依然单身，这成了他们父母的心病。于是，由父母代替子女相亲的"父母相亲会"就在各地流行起来。

大概统计，这些未婚青年年龄集中在23—32岁，学历几乎都在本科以上，拥有自己的事业和稳定的收入，但是忙碌的工作影响到了他们的恋爱和婚姻。很多为孩子的将来担心的家长不得不亲自上阵，给子女的婚姻大事出谋划策。

1.	播放	bōfàng	（动）	broadcast
2.	逐渐	zhújiàn	（副）	gradually

3. 独特	dútè	（形）	particular; unique
4. 竞争	jìngzhēng	（名）	competition
5. 依然	yīrán	（副）	still
6. 代替	dàitì	（动）	on behalf of; replace
7. 统计	tǒngjì	（动）	statistics
8. 集中	jízhōng	（动）	focus on
9. 学历	xuélì	（名）	academic qualification
10. 本科	běnkē	（名）	undergraduate course
11. 拥有	yōngyǒu	（动）	hold; be seized of
12. 稳定	wěndìng	（形）	steady
13. 忙碌	mánglù	（形）	busy
14. 婚姻	hūnyīn	（名）	marriage
15. 上阵	shàng zhèn		go into battle; go into work
16. 出谋划策	chū móu huà cè		give counsel; suggest

注　释

1. **天下之大，无奇不有**：世界上什么奇怪的事情都有。

2. **眼光高**：找对象时对异性的条件、标准要求高。

练习 Exercises

一、朗读下面的句子，请注意语音、语调 Read the sentences aloud and pay attention to the tone

1. 今天公园里怎么有这么多人啊？
2. 但是我没看见多少年轻人啊。
3. 难道他们自己不用来吗？
4. 有些父母还是瞒着子女来的呢！
5. 真是天下之大，无奇不有！
6. 见的多了也就不稀奇了。
7. 现在这些大龄青年不是条件不好，而是条件太好了，所以才一直拖着。
8. 您今天的收获怎么样？

二、替换练习 Substitution

1. 他工作太忙了，根本没时间谈恋爱，再加上她的眼光又高。所以到现在都没找到合适的。

今天很热	没吃早饭	我现在有点儿头晕
他家生活条件很好	他是独生子	他花钱很大方
他很年轻	又很努力	汉语水平提高得很快

2. 你说，真有人能在这里给子女找到另一半吗？

    我这样做行吗？
    这次考试会不会很难啊？
    他是不是真的生气了？

3. 真是**天下之大，无奇不有**！

   有缘千里来相会
   不打不相识
   哭笑不得

4. <u>在公司里接触到的人很少</u>，根本<u>没时间谈恋爱</u>。

我已经跟他解释很多遍了，	没用
我去学校查过了	没有这个人
不要再怪他了，	就没这件事

5. 现在很多大龄青年<u>不是条件不好</u>，而是<u>条件太好了</u>。

我现在	生气	很生气
许多人	不想谈恋爱	没有时间谈恋爱
我	不想说	说不好

6. <u>忙碌的工作</u>影响到了<u>他们的恋爱和婚姻</u>。

长年抽烟	他的健康
两地分居	他和妻子的感情
健康问题	他找工作的事情

三、根据所给词语完成对话 Accomplish the dialogue according to the given words

1. A：他和女朋友分手了，很伤心，你多安慰安慰他吧。
   B：_____。（代替）

2. A：张先生，您的机票订好了，要我们给您送过来吗？
   B：_____。（亲自）

3. A：咱们儿子最近的表现很奇怪。

   B：_____。（瞒）

4. A：你觉得刚来的小张人怎么样？

   B：_____。（接触）

5. A：_____。（拖）

   B：好的。我们会准时完成的。

6. A：_____？（收获）

   B：有，而且很大。

7. A：_____。（盛行）

   B：是的。练瑜伽的人越来越多了。

四、按照下面的提示复述课文　Recite the text according to the prompt

课文一

(牌子　张某某　中老年人　父母相亲会　对象　流行　子女不急父母急　瞒着　天下之大，无奇不有)

课文二

(替　女儿　找对象　外企　太忙　接触　根本　眼光　学历　收入　不是……而是……　拖着　收获　联系方式)

课文三

(兴起　独特　竞争　个人问题　心病　流行　集中　本科　拥有　忙碌　影响　家长　亲自上阵　出谋划策)

五、根据下面的情景作对话练习　Make a dialogue according to the scene

1. 内容：咖啡厅里，一个介绍人介绍两个单身男女第一次见面。
   角色：一对单身男女和一个介绍人

2. 内容：父母从相亲会现场回来，带回了一些男孩/女孩的资料，让女儿/儿子跟他们联系。
   角色：父母和儿子/女儿

3. 内容：相亲会现场，两个家长对对方的儿子/女儿感兴趣，他们互相聊了起来。
   角色：两个家长

六、请你说说　Have a talk

1. 现代人结婚为什么越来越晚？

2. 你是否有过相亲的经历，请你说一说。

3. 你觉得现在年轻人可以通过哪些方式互相认识？

七、辩论　Debate

正方："父母相亲会"可以很好的帮助没有时间谈恋爱的子女找到他们的另一半。

反方：子女和父母的眼光、想法不可能相同，"父母相亲会"对子女谈恋爱没有什么帮助。

第六课　美中不足

1. 很多人都喜欢旅游，但是怎样才能让你的旅途变得开心，安全呢？
2. 你觉得旅行时什么最重要？
3. 你有没有过旅游时不开心的经历，为什么？

美中不足

（口语课上，老师请大家对"旅游时最烦恼的事情"发表看法）

唐老师：大家都知道，旅游是一种非常好的休闲方式，但是也有让人烦恼的时候。请大家回忆一下自己的旅游经历，谈一谈吧。

哈　利：我觉得别的都无所谓，就是不要和旅行社产生矛盾，假如有了争论，就算最后问题解决了，也没有什么心情继续玩儿了。

黄佳佳：现在旅行社的服务都很周到，哪有动不动就跟游客闹别扭的啊？实在忍耐不了了，还可以去投诉他们。最怕的是被盗，特别是证件，万一丢了，再要补办可就麻烦了。

丽　莎：有一次我去旅游时，景色很美，导游也非常热情。但是，每到一个地方，导游就介绍当地的特产，然后和老板一起劝我们买。说是劝，其实是你买也得买，不买也得买。让人觉得有点扫兴。

芳　子：就是，这样一来，本来想买的人有了被迫购物的感觉，就有点不情愿了。

唐老师：这就叫美中不足啊！

生词一　New words

1.	烦恼	fánnǎo	（动）	worry
2.	回忆	huíyì	（动）	recall, look back on
3.	无所谓	wúsuǒwèi	（动）	not to matter
4.	争论	zhēnglùn	（动）	quarrel
5.	周到	zhōudào	（形）	considerate
6.	闹别扭	nào bièniu		to cause disagreement
7.	忍耐	rěnnài	（动）	restrain oneself
8.	被盗	bèi dào		have things stolen

9. 万一	wànyī	（副）		in case
10. 景色	jǐngsè	（名）		scenery
11. 扫兴	sǎoxìng	（形）		disappointed
12. 被迫	bèipò	（动）		be forced
13. 情愿	qíngyuàn	（助动）		be willing to do
14. 美中不足	měi zhōng bù zú			a flaw in an otherwise perfect thing
15. 动不动	dòng bu dòng			easily, at every turn

课文二　　Text

意外情况

金大永：总算回来了，这次出门可真累呀！

芳　子：黄佳佳和丽莎她们昨天就回来了，你们怎么掉队了？

李　阳：别提了，我们出去逛了一会儿街，结果就耽误了。

芳　子：逛逛街也不至于耽误一整天呀？

金大永：我们在小吃街的时候，哈利出了意外。

芳　子：哦？他要么是贪吃吃坏了肚子，要么就是和导游闹矛盾了吧。

李　阳：既没有吃坏肚子，也没有什么纠纷。

芳　子：那是怎么回事？

金大永：哈利买东西的时候，手机、钱包随便放，回到酒店就发现钱包不见了。

芳　子：是吗？这下可糟糕了。钱包里都有什么？

李　阳：钱包里有信用卡，学生证，还有他女朋友的照片。

芳　子：唉呀，他怎么那么大意呀？

金大永：当时他还不承认是自己大意呢。

芳　子：后来呢？

李　阳：后来我们一直没找到钱包，就这样回来了。

芳　子：那哈利在哪儿呢？

金大永：正在宿舍里后悔呢。

生词二　　　New words

1.	总算	zǒngsuàn	（副）	finally
2.	掉队	diào duì	（动）	fall behind
3.	别提了	bié tí le		forget it
4.	耽误	dānwù	（动）	delay
5.	不至于	búzhìyú	（介）	be unlikely
6.	意外	yìwài	（名）	accident
7.	贪吃	tānchī	（动）	greediness
8.	纠纷	jiūfēn	（名）	dispute
9.	信用卡	xìnyòngkǎ	（名）	credit card

| 10. | 大意 | dàyì | （形） | careless |
| 11. | 承认 | chéngrèn | （动） | acknowledge |

课文三 Text

粗心的结果

（哈利的日记）

这几天，我和金大永、李阳一起去旅游，没想到因为我粗心，回来的前一天晚上把钱包给丢了。里面不仅有现金，有信用卡，还有证件，最重要的是女朋友的照片也放在里面。早知道这样，真应该听金大永和李阳的劝告。本来是去吃小吃的，没想到却吃了个大亏。出发前，我们班还进行过旅游注意事项的讨论。讨论归讨论，一出门，我就全忘了。现在后悔也来不及了。要是女朋友知道我把她的照片弄丢了，那可不是闹着玩儿的。旅途中玩儿固然重要，但是安全意识更不能少。

生词三 New words

1.	粗心	cūxīn	（形）	careless
2.	现金	xiànjīn	（名）	cash
3.	吃亏	chī kuī	（动）	suffer losses

4. 讨论	tǎolùn	（动）	discuss; talk over
5. 固然	gùrán	（连）	no doubt
6. 旅途	lǚtú	（名）	journey; trip
7. 意识	yìshi	（名）	consciousness

注　释

可不是闹着玩儿的：某件事情不一般，一旦发生就有严重后果。

练习　Exercises

一、朗读下面的句子，请注意语音、语调　Read the sentences aloud and pay attention to the tone

1. 现在旅行社的服务都很周到，哪有动不动就跟游客闹别扭的啊？
2. 最怕的是被盗，特别是证件，万一丢了，再要补办可就麻烦了。
3. 说是劝，其实是你买也得买，不买也得买。
4. 总算回来了，这次出门可真累呀！
5. 别提了，我们出去逛了一会儿街，就这么耽误了。
6. 逛逛街也不至于耽误了一整天呀？
7. 他要么是贪吃吃坏了肚子，要么就是和导游闹矛盾了吧。
8. 讨论归讨论，一出门，我就全忘了。

第六课　美中不足

二、替换练习　Substitution

1. 小王<u>动不动就跟游客闹别扭</u>。

夏天	下大雨
他的狗	乱叫
方小姐	哭

2. 你<u>买</u>也得<u>买</u>，不<u>买</u>也得<u>买</u>。

去	去	去	去
说	说	说	说
喝	喝	喝	喝

3. 别提了，<u>我们出去逛了一会儿街，结果就耽误了</u>。

   我把订机票的事给忘了
   她连电话都不给我打一个
   人家已经坐飞机回国了

4. 逛逛街也不至于耽误了一整天呀？

丢了一本书	不去上课呀
我虽然迟到了	不让我进教室吧
就喝了几瓶啤酒	连我都不认识了吧

5. 他要么是<u>贪吃吃坏了肚子</u>，要么就是<u>和导游闹矛盾了</u>。

去唱歌	去上网
吃中国菜	吃韩国菜
把车借给我	你开车送我去

6. 旅途中心情固然重要，但是安全意识更不能少。

学习和工作	要认真	也要注意身体
做菜时味道	很关键	如果颜色漂亮就更好了
经常和朋友见面	是好事	也得安排好自己的时间

三、根据所给词语完成对话 Accomplish the dialogue according to the given words

1. A：芳子的作业怎么这么晚才交给我？
   B：_____。（实在）

2. A：她一直想留在中国，现在她的汉语已经说得非常好了。
   B：_____。（这样一来）

3. A：_____？（万一）
   B：别担心，你很聪明，也很努力，一定能通过考试。

4. A：小王怎么又不和她的男朋友说话了？
   B：_____。（动不动）

5. A：这个学期快结束了，我下周就能回家。
   B：_____。（总算）

6. A：听说丽莎旅游回来就病了。
   B：_____。（怪）

四、按照下面的提示复述课文 Recite the text according to the prompt

课文一

（发表　看法　方式　烦恼　回忆　无所谓　产生　动不动　矛盾　服务　周到　忍耐不了　最怕的是　特别是　特产　扫兴　情愿　这样一来　美中不足）

课文二

(掉队　耽误　不至于　出了意外　贪吃　闹矛盾　既没有……也没有……
随便　信用卡　承认　大意)

课文三

(粗心　把……给丢了　早知道这样　吃了个大亏　出发前　……归……
后悔　无所谓　可不是闹着玩儿的　好玩儿　固然　重要　安全意识)

五、根据下面的情景作对话练习　Make a dialogue according to the scene

1. 内容：朋友们都说喜欢旅游，旅行社的服务也越来越好，只要有机会，就可以马上准备出发，但是你觉得旅游要注意的事情很多。
   角色：你和几个喜欢旅游的朋友

2. 内容：你去旅游时，遇到了一些麻烦，回来之后跟你的同屋聊天，谈你的旅游经历。
   角色：你和同屋

3. 内容：你把朋友送的礼物弄丢了，不知道应该怎么跟他说。
   角色：你和朋友

六、请你说说　Have a talk

1. 来中国以前很担心什么事情？为什么担心？你现在的感觉怎么样？

2. 来中国以后遇到过"美中不足"的事情吗？

3. 你觉得旅游的时候为了避免出现意外，应该怎么做？

第七课

炒 股

热身 Warm up

1. 在你们国家你炒过股票吗？
2. 你怎么看待"炒股"？
3. 如果你有多余的钱，你会选择炒股吗？

课文一 Text

一个天堂，一个地狱

金大永：最近很流行炒股啊！不管年轻的还是年老的都迷上股票了。

芳　子：李阳，听说你也炒了？赚了钱的话，要请大家吃饭啊。

金大永：他还赚钱？都快赔得找不到家了！

李　阳：这也不能怪我啊，现在是熊市，能赚到钱才怪。

芳　子：熊市？什么意思？

李　阳：是指股票普遍下跌的股票市场。换句话说，就是大部分

第七课 炒 股

股票都跌了。普遍上涨的股票市场叫牛市。

芳　子：那股民一定很喜欢牛市吧？

李　阳：当然了。牛市里有的股民可以一夜暴富。我听说去年有个人，一下子就赚了两千万，厉害啊！

金大永：两千万？羡慕啊！

李　阳：都说"几家欢喜几家愁"。赚钱的幸运儿有一些，但更多的是赔钱的人。每年都有因为股票跳楼自杀的股民。

金大永：真的啊？和那些赚了大钱的人相比，真是"一个天堂，一个地狱"啊！

生词一　New words

1. 股票	gǔpiào	（名）	stock
2. 赚	zhuàn	（动）	make a profit
3. 迷	mí	（动）	be fascinated
4. 赔	péi	（动）	lose money
5. 熊市	xióngshì	（名）	bear market
6. 普遍	pǔbiàn	（形）	at large
7. 跌	diē	（动）	drop
8. 牛市	niúshì	（名）	bull market
9. 一夜暴富	yí yè bào fù		overnight fortunes
10. 厉害	lìhai	（形）	amazing; terrific

11.	羡慕	xiànmù	（动）	admire
12.	欢喜	huānxǐ	（形）	gladness
13.	愁	chóu	（形）	worry
14.	相比	xiāngbǐ	（动）	compare
15.	天堂	tiāntáng	（名）	paradise
16.	地狱	dìyù	（名）	hell

注 释

1. 炒股：买卖股票。

2. 赔得找不到家：赔钱赔得很厉害。

3. 股民：炒股的人。

课文二　Text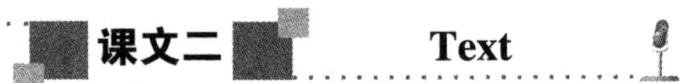

股市有风险，入市需谨慎

股民一：今天的收盘情况怎么样？

股民二：不怎么好，又跌了。

股民一：这样的股市啊，真让人没法活了！你说咱们盼星星盼月亮的，它怎么就涨不上去呢？

股民二：我们炒股一定要冷静分析市场。否则，命运就掌握在无情的股市手中了。

第七课 炒 股

股民一：我总想着也许下一秒钟我的股票就会涨。哎，投机心理作怪啊！家里的钱几乎都投进去了，压力太大了。

股民二：我就是抱着试试的心理，只投入了一小部分钱，这样亏了也不可惜。股市里经常说的一句话就是"股市有风险，入市需谨慎"啊。

股民一：我比不上你的心态。以后涨也好，跌也好，反正我是不再炒了，省得整天提心吊胆的。即使赚钱了，恐怕心脏病也得上了。

生词二 New words

1. 风险	fēngxiǎn	（名）	risk
2. 谨慎	jǐnshèn	（形）	be cautious to
3. 收盘	shōu pán	（动）	closing quotation
4. 冷静	lěngjìng	（形）	calmness
5. 命运	mìngyùn	（名）	fate
6. 无情	wúqíng	（形）	ruthlessness
7. 投机	tóujī	（动）	speculate
8. 心理	xīnlǐ	（名）	mentality
9. 作怪	zuòguài	（动）	do mischief
10. 可惜	kěxī	（形）	pity
11. 心态	xīntài	（名）	mentality

12. 反正	fǎnzhèng	（副）		at any rate
13. 省得	shěngde	（连）		so as to avoid
14. 整天	zhěngtiān	（名）		day and night
15. 提心吊胆	tí xīn diào dǎn			be in fear of
16. 即使	jíshǐ	（连）		even if
17. 恐怕	kǒngpà	（副）		perhaps

注 释

盼星星盼月亮：非常盼望某事的发生。

课文三　　Text

李阳炒股的感悟

　　股票总是有升有降，股民也就有赚有赔。但除了少数可以赚钱的股民以外，大部分人都赔钱。所以，虽然股市有很大的吸引力，但假如股民没有做好准备的话，还是先不买为好。所谓的准备，主要包括三个方面：资金、知识、心理。其中，资金的准备并不难，难的是知识和心理准备。知识准备主要指要多学习，看相关的书籍。通过学习，掌握股票的规律，从而掌握自己的命运。心理准备是即使跌得很厉害，也不抱怨，很冷静。说来说去，炒股真的很不容易，在股市中获利的股民是强者中的强者。

第七课　炒　股

生词三　New words

1.	感悟	gǎnwù	（名）	feelings
2.	所谓	suǒwèi	（形）	so-called
3.	资金	zījīn	（名）	fund
4.	相关	xiāngguān	（动）	related to
5.	规律	guīlǜ	（名）	rule
6.	从而	cóng'ér	（连）	consequently
7.	抱怨	bàoyuàn	（动）	complain
8.	获利	huòlì	（动）	make a profit

练习　Exercises

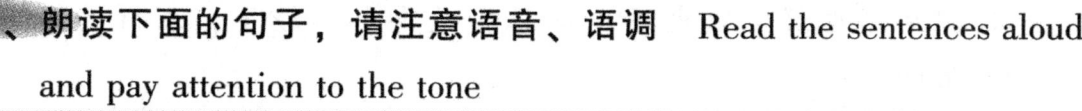

一、朗读下面的句子，请注意语音、语调　Read the sentences aloud and pay attention to the tone

1. 他还赚钱？都快赔得找不到家了。
2. 这也不能怪我啊，现在是熊市，能赚到钱才怪。
3. 我听说去年有个人，一下子就赚了两千万，厉害啊！
4. 和那些赚了大钱的人相比，真是"一个天堂，一个地狱"啊！
5. 这样的股市啊，真让人没法活了！
6. 你说咱们盼星星盼月亮的，它怎么就涨不上去呢？
7. 股市里经常说的一句话就是"股市有风险，入市需谨慎"啊。
8. 以后涨也好，跌也好，反正我是再也不炒了，省得整天提心吊胆的。

二、替换练习 Substitution

1. 不管<u>年轻的</u>还是<u>年老的</u>都<u>迷上股票了</u>。

丽莎	芳子	喜欢在晚上上网
是洗衣服	做饭	愿意干
是大公司	小公司	很看重人才

2. <u>这也不能怪我啊，现在是熊市，能赚到钱才怪</u>！

   这么短的时间能做完这么多工作
   她会喜欢那么丑的人
   小李在家里像个公主似的，会做家务

3. <u>和那些赚了大钱的人相比</u>，真是"一个天堂，一个地狱"啊！

上海	北京的平均气温要低一些。
小王	小丽的英语水平比较高
城市的孩子	农村孩子的生活条件差一些

4. 以后<u>涨</u>也好，<u>跌</u>也好，反正<u>我是再也不炒了</u>，省得整天提心吊胆的。

你哭	闹	今天我是不会给你买那个玩具的
你去	不去	我是不会去参加那个聚会的
你生气	不生气	我要和朋友去跳舞

5. 但除了<u>少数可以赚钱的股民</u>以外，<u>大部分人都赔钱</u>。

爱生气	他还喜欢批评别人
去外面吃饭	她天天呆在家里不出去
丽莎	大家都去春游了

第七课　炒　股

6. <u>资金的准备</u>并不难，难的是知识和心理准备。

完成任务	要把任务完成好
找工作	找不到自己喜欢的工作
偶尔锻炼身体	坚持锻炼身体

三、根据所给词语完成对话　Accomplish the dialogue according to the given words

1. A：芳子怎么天天呆在房间里不出来，干什么呢？
   B：＿＿＿＿＿＿＿＿＿＿＿＿＿＿＿＿＿。（迷）

2. A：为什么我出去玩儿还要给妈妈打电话？
   B：＿＿＿＿＿＿＿＿＿＿＿＿＿＿＿＿＿。（省得）

3. A：＿＿＿＿＿＿＿＿＿＿＿＿＿＿＿＿＿？（赚）
   B：没有，今年股票跌了许多，不亏就算是很幸运了。

4. A：我的钱包不见了，刚才在超市里买东西时还有呢。
   B：＿＿＿＿＿＿＿＿＿＿＿＿＿＿＿＿＿。（冷静）

5. A：你知道吗？芳子的汉语水平那么高还没考过HSK八级。
   B：＿＿＿＿＿＿＿＿＿＿＿＿＿＿＿＿＿。（可惜）

6. A：我们还去不去看电影了？
   B：＿＿＿＿＿＿＿＿＿＿＿＿＿＿＿＿＿。（反正）

四、按照下面的提示复述课文　Recite the text according to the prompt

课文一

（炒股　迷　赚　赔　怪　熊市　牛市　厉害　羡慕　几家欢喜几家愁　和……相比　天堂　地狱）

课文二

(收盘　盼星星盼月亮　冷静　否则　命运　掌握　无情　也许　投机　压力　可惜　风险　谨慎　心态　即使　恐怕)

课文三

(除了……以外　赔钱　吸引力　假如……的话　准备　资金　知识　心理　书籍　通过　规律　从而　获利　强者)

五、根据下面的情景作对话练习　Make a dialogue according to the scene

1. 内容：一个留学生向中国朋友询问中国股票的情况
   角色：留学生和中国朋友

2. 内容：两个股民谈论股票
   角色：两个股民

六、请你说说　Have a talk

1. 你怎么看待有些股民炒股失败以后自杀的现象？

2. 你周围有没有炒股赚钱的朋友？他的经验是什么？

3. 如果你炒股的话，你会怎样做？

第八课

星座与性格

1. 在你们国家有关于星座方面的书吗？你听说过星座吗？
2. 你相信那些星座知识吗？为什么？
3. 告诉大家你的性格，然后对照星座知识看看上面写得准不准。

星座与性格

摩羯座（12月24日—1月20日）有耐心，一旦决定做某事，就会坚持到底。

水瓶座（1月21日—2月18日）喜欢追求独一无二的生活方式，但有顽固的一面。

双鱼座（2月19日—3月20日）集十二星座的优点和缺点于一身，很复杂。

白羊座（3月21日—4月20日）天不怕地不怕。

金牛座（4月21日—5月21日）除了不喜欢变动以外，也不喜欢急躁。有很强的忍耐力。

双子座（5月22日—6月21日）喜爱变化，对他们来说，同一时间只做一件事是不可能的。

巨蟹座（6月22日—7月22日）充满爱心，像蟹一样，虽然有坚硬的外壳，却有柔软的内心。

狮子座（7月23日—8月23日）既热情又大方，是天生的领导者。

处女座（8月24日—9月22日）由于事事追求完美的缘故，有人一听到处女座就害怕。

天秤座（9月23日—10月22日）优雅，沟通能力强。可是，有时会犹豫不决。

天蝎座（10月23日—11月22日）给人以神秘感，被称为最性感的星座。

射手座（11月23日—12月23日）不但乐观、热情，而且喜欢挑战。

生词一　New words

1. 准　　　　　zhǔn　　　　（形）　correct
2. 耐心　　　　nàixīn　　　（名）　patience
3. 追求　　　　zhuīqiú　　 （动）　pursue
4. 独一无二　　dú yī wú èr　　　　the one and only

5. 方式	fāngshì	（名）	manner
6. 顽固	wángù	（形）	stubborn
7. 急躁	jízào	（形）	impatient
8. 坚硬	jiānyìng	（形）	hard
9. 柔软	róuruǎn	（形）	soft
10. 大方	dàfāng	（形）	generous
11. 缘故	yuángù	（名）	reason
12. 优雅	yōuyǎ	（形）	elegant
13. 沟通	gōutōng	（动）	communicate
14. 犹豫不决	yóu yù bù jué		inhesitation
15. 神秘	shénmì	（形）	mystery
16. 性感	xìnggǎn	（形）	sexy
17. 挑战	tiǎozhàn	（动）	challenge

课文二 Text

自己的星座

黄佳佳：芳子，上次给你的那本关于星座的书看了没？

芳　子：看了。

黄佳佳：那结合你的性格，你现在觉得那本书写得准不准啊？

芳　子：太准了！上面说处女座的人无论什么事都追求完美，简直和我的性格一模一样。

黄佳佳：（笑）上次你偏不信，还说只有傻子才相信这样的书。怎么，这么快就变傻了？

芳　子：（不好意思地笑）我没想到会那么准啊！

黄佳佳：看你脸红的。那处女座的人和哪些星座最合拍，和哪些星座最相配啊？

芳　子：和金牛座的最合拍，和摩羯座的最相配。

黄佳佳：这么巧？我就是金牛座的。怪不得咱俩这么处得来呢，原来如此。那你以后一定要找摩羯座的人做男朋友！

李　阳：你们在聊什么呢，这么兴高采烈的？

芳　子：哎，李阳，你是什么星座的？

李　阳：我不知道。

黄佳佳：连自己的星座都不知道，有点落伍了啊！

李　阳：那是你们女孩子的游戏，我们可不信那些瞎编的东西。

生词二　New words

1. 结合　　　jiéhé　　　（动）　　combine
2. 完美　　　wánměi　　（形）　　perfect
3. 简直　　　jiǎnzhí　　（副）　　simply
4. 一模一样　yì mú yí yàng　　　 as like as two peas
5. 偏　　　　piān　　　（副）　　deliberately

第八课 星座与性格

6. 巧	qiǎo	（形）	coincident
7. 怪不得	guàibude	（副）	no wonder
8. 处	chǔ	（动）	get along with
9. 兴高采烈	xìng gāo cǎi liè		rapture
10. 落伍	luò wǔ		drop behind
11. 游戏	yóuxì	（名）	game
12. 瞎	xiā	（副）	blindly
13. 编	biān	（动）	concoct

课文三 Text

我们很合得来

（佳佳在和大家谈星座）

一直以来，我和芳子的感情都很好。不管是生活上，还是学习上，我们都能互相帮助，互相鼓励。其实，她喜欢动，而我喜欢静，别人都很纳闷：性格差别那么大，怎么可能成为好朋友。甚至连我们自己也觉得奇怪。今天，我终于找到了合理的解释，原来我们是最合拍的星座！虽然有一些人不相信星座，但我是很相信的！

生词三 New words

1. 一直以来	yìzhí yǐlái		all along
2. 感情	gǎnqíng	(名)	affection
3. 鼓励	gǔlì	(动)	encourage
4. 纳闷	nàmèn	(动)	wonder
5. 差别	chābié	(名)	difference
6. 甚至	shènzhì	(连)	even
7. 终于	zhōngyú	(副)	finally
8. 合理	hélǐ	(形)	reasonable
9. 解释	jiěshì	(名)	explanation

练习 Exercises

一、朗读下面的句子，请注意语音、语调 Read the sentences aloud and pay attention to the tone

1. 上面说处女座的人无论什么事都追求完美，简直和我的性格一模一样。

2. 上次你偏不信，还说只有傻子才相信这样的书。怎么，这么快就变傻了？

第八课 星座与性格

3. 我没想到会那么准啊!

4. 这么巧?我就是金牛座的。

5. 怪不得咱俩这么处得来呢,原来如此。

6. 你们在聊什么呢,这么兴高采烈的?

7. 连自己的星座都不知道,有点落伍了啊!

8. 虽然有一些人不相信星座,但我是很相信的!

二、替换练习 Substitution

1. 一旦<u>决定做某事</u>,就<u>会坚持到底</u>。

答应别人	一定要做到
受伤	要及时去医院进行治疗
发现违法行为	要严肃处理

2. 对<u>他们</u>来说,<u>同一时间只做一件事是不可能的</u>。

歌手	唱歌就是他们的工作
小朋友	玩具是最好的礼物
李阳	找份好工作非常重要

3. <u>狮子座</u>既<u>热情</u>又<u>大方</u>,<u>是天生的领导者</u>。

芳子	漂亮	能干	大家都很喜欢她
这张桌子	好看	实用	真是合适极了
这间小小的屋子	是工作室	是休息室	真是太方便了

4. 由于事事追求完美的缘故，有人一听到处女座就害怕。

小李太紧张	这次考试他没有及格
增加了十几个人	班里一下子热闹起来
爸爸坚持锻炼	他的身体一直以来都很好

5. 上面说处女座的人无论什么事都追求完美，简直和我的性格一模一样！

我的同屋	吃什么	觉得特别香
他是个天才	做诗写文章	十分出色
他太累了，	怎么用劲	搬不动自己的行李箱

6. 怪不得咱俩这么处得来呢，原来如此！

他今天那么高兴	芳子同意和他一起看电影了
班里一个人也没有	都去看比赛了
哈利汉语那么好	他经常和中国学生聊天儿

三、根据所给词语完成对话 Accomplish the dialogue according to the given words

1. A：他干什么事都那么急躁，看得我都心烦。
   B：＿＿＿＿＿＿＿＿＿＿＿＿＿＿＿＿。（耐心）

2. A：刚才还是晴天呢，怎么一下子就下雨了？
   B：＿＿＿＿＿＿＿＿＿＿＿＿＿＿＿＿。（偏）

3. A：他失业了，觉得自己成了没有用的人，所以一点儿精神也没有。
   B：＿＿＿＿＿＿＿＿＿＿＿＿＿＿＿＿。（鼓励）

4. A：我听别人说应该收三百块，为什么收了咱们五百块啊？
   B：＿＿＿＿＿＿＿＿＿＿＿＿＿＿＿＿。（合理）

5. A：小王好象不太爱学习，天天很早就睡觉了，也不复习功课。

　　B：_____。（甚至）

6. A：你新交的男朋友挺帅的，其他方面怎么样？

　　B：_____。（大方）

四、按照下面的提示复述课文　Recite the text according to the prompt

课文一

（耐心　坚持到底　独一无二　方式　顽固　天不怕地不怕　急躁　忍耐力　充满　坚硬　柔软　热情　缘故　犹豫不决　性感　挑战）

课文二

（结合　准　完美　一模一样　相配　怪不得　处得来　原来如此　兴高采烈　落伍　瞎编）

课文三

（一直以来　不管　鼓励　其实　纳闷　差别　甚至　奇怪　合理　解释　原来）

五、根据下面的情景作对话练习　Make a dialogue according to the scene

1. 内容：三位留学生在谈论她们各自的性格
   角色：三位留学生

2. 内容：一个男生和一个女生在聊关于星座的事情
   角色：一个男生和一个女生

3. 内容：两个朋友在谈比较合得来的星座
   角色：你和朋友

六、请你说说　Have a talk

1. 你认为相信星座知识是迷信吗？为什么？

2. 在你和别人交朋友时，你会在意他的星座吗？为什么？

七、辩论　Debate

正方：举例说明星座是有科学道理的，不是迷信。所以性格合得来与合不来是星座决定的。

反方：举例说明星座没有科学道理，就是迷信。所以性格合得来与合不来不是星座决定的。

第九课　中国功夫

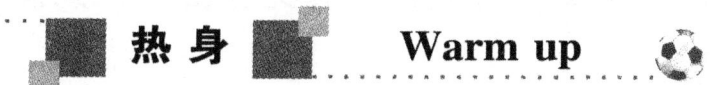

1. 你喜欢中国功夫电影吗？
2. 你喜欢中国功夫吗？为什么？
3. 你知道的中国功夫有哪些？详细谈谈。

我喜欢中国功夫

黄佳佳：哈利，我现在来不打扰你吧？

哈　利：你来得正好，我刚刚看完《功夫熊猫》。

黄佳佳：你喜欢看动画片？

哈　利：我并不喜欢动画片，但是和中国功夫有关的电影我都喜欢。

黄佳佳：你瞧我，倒把这一点忘了。你是不是把所有的功夫片都看遍了？

哈　利：对，可以说功夫片我几乎都看遍了。

黄佳佳：打来打去的你不感到无聊吗？

哈　利：怎么会无聊呢？中国功夫太迷人了。李小龙、成龙、李连杰他们个个都是我的偶像。

黄佳佳：从这一点来说，你就是个不折不扣的"中国功夫迷"。

哈　利：你没看到在2008年北京奥运会上，中国功夫成为表演项目之一了吗？所以最近我又冒出一个想法，我要学中国功夫。

黄佳佳：我晕！你以为中国功夫是谁想学就能学的吗？

哈　利：你别给我泼冷水呀。我知道中国有句古话叫做：功夫不负有心人。

黄佳佳：哈哈，你要搞清楚，这两个功夫可不是一回事啊！

哈　利：管他呢，反正我铁了心了。

生词一　New words

1. 动画片　dònghuàpiàn　（名）　cartoon
2. 无聊　wúliáo　（形）　bored
3. 迷人　mírén　（形）　attractive
4. 偶像　ǒuxiàng　（名）　idol
5. 不折不扣　bù zhé bú kòu　　one hundred percent
6. 冒出　màochū　（动）　come out

7. 晕	yūn	（形）	dizzy
8. 泼	pō	（动）	spill
9. 有心人	yǒuxīnrén	（名）	someone who sets his mind to do something
10. 铁	tiě	（动）	iron

注　释

1. **泼冷水**：比喻打击别人的热情。

2. **功夫不负有心人**：只要努力了就能把事情做成功。

3. **管他呢**：不管怎么样。

4. **铁了心了**：已经下定决心了。

拜师学艺

（在李阳的宿舍里）

李　阳：你最近不是挺忙的吗？什么风把你给吹来了？

哈　利：我是无事不登三宝殿啊。

李　阳：说说看，什么事？

哈　利：我想学中国功夫，可是找不到师傅。你帮帮我，办这件事非你不可。

李　阳：我真佩服你！学习汉语就够辛苦的了，你还要学中国功夫。

哈 利：对我来说，这的确是一个挑战。可是我真的舍不得放弃中国功夫。

李 阳：那我就帮你这个忙吧。你打算找个什么样的师傅？

哈 利：精通功夫的师傅当然是最好的了。

李 阳：要男师傅还是女师傅？

哈 利：这倒无所谓，只要功夫好就行。

李 阳：那我就给你介绍一个漂亮的女师傅吧。说不定还会有一段浪漫的故事呢。

哈 利：你正经一点儿，别拿我开心了。

李 阳：谁拿你开心了？以前，咱们学院就有一个男留学生跟女师傅学功夫，学着学着，女师傅就变成女朋友了。

哈 利：真的吗？那你好人做到底吧。求求你一定得给我找一个女师傅！

生词二　New words

1. 殿　　　　diàn　　　　（名）　　　hall; palace; temple
2. 师傅　　　shīfu　　　　（名）　　　craftsman
3. 舍不得　　shěbude　　　　　　　　grudge
4. 放弃　　　fàngqì　　　（动）　　　abandon
5. 精通　　　jīngtōng　　（动）　　　be proficient in
6. 段　　　　duàn　　　　（量）　　　a measure word

7. 浪漫	làngmàn	（形）	romantic
8. 正经	zhèngjing	（形）	in earnest
9. 到底	dào dǐ		to the end

注　释

1. 拜师学艺：找师傅学习功夫或者某种技术。

2. 什么风把你给吹来了：常用于某人很少来某处，某天忽然来了。

3. 无事不登三宝殿：比喻没有事不上门拜访。

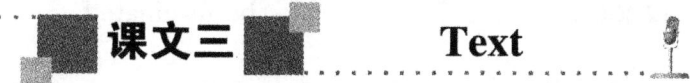

课文三　　Text

不能一心二用

（哈利跟大家谈他学中国功夫的事情）

我正在学习中国功夫。中国功夫也叫武术，它的种类非常多，我现在学的是少林拳。少林拳的一招一式都是那么的神奇，我越学越爱学，哎呀，我学得都着迷了。你说什么？我不是对中国功夫着迷，而是对我师傅着迷？其实我师傅的身手、气度的确让我佩服，但是我喜欢功夫的心情是什么也代替不了的。虽然现在我只学会了一点儿，但是我有信心一直学下去。我师傅常常告诉我：中国功夫讲究"该出手时就出手"，可我到现在还没弄明白是怎么回事。可见我的功夫还不怎么样。在这种情况下，我怎么能一心二用呢？

生词三　New words

1. 一心二用　yī xīn èr yòng　　　　　A man spins and reels at the same time
2. 种类　　　zhǒnglèi　　（名）　category
3. 少林拳　　shàolínquán　（名）　Shaolin Boxing
4. 神奇　　　shénqí　　　（形）　supernatural
5. 着迷　　　zháo mí　　　　　　be fascinated
6. 身手　　　shēnshǒu　　（名）　skill
7. 气度　　　qìdù　　　　（名）　bearing
8. 代替　　　dàitì　　　　（动）　instead of
9. 讲究　　　jiǎngjiu　　（动）　be particular about
10. 可见　　　kějiàn　　　（连）　it can be seen that

注　释

该出手时就出手：遇到机会就要行动。

第九课　中国功夫

练习　Exercises

一、朗读下面的句子，请注意语音、语调　Read the sentences aloud and pay attention to the tone

1. 你瞧我，倒把这一点忘了。

2. 我晕！你以为中国功夫是谁想学就能学的吗？

3. 你别给我泼冷水呀。我知道中国有句古话叫做：功夫不负有心人。

4. 哈哈，你要搞清楚，这两个功夫可不是一回事啊！

5. 管他呢，反正我铁了心了。

6. 你正经一点儿，别拿我开心了。

7. 你说什么？我不是对中国功夫着迷，而是对我师傅着迷？

8. 可见我的功夫还不怎么样。在这种情况下，我怎么能一心二用呢？

二、替换练习　Substitution

1. <u>我</u>并不喜欢<u>动画片</u>，但是和<u>中国功夫</u>有关的<u>电影</u>我都喜欢。

我	喜欢炒股，	所以	炒股	书我都不喜欢
我	喜欢他，	所以	他	事情我都不想听
哥哥	喜欢球类运动	因此	球	运动他都不愿意参加

2. 你瞧我，倒把这一点忘了。

   我带了水　　　　吃的放在宿舍了
   书没带来　　　　笔记本带来了
   自己的行李没拿　别人的拿来了

3. 从这一点来说，你就是个不折不扣的"中国功夫迷"。

   我们的决定是正确的
   这次的旅行是非常顺利的
   中国功夫已经走向了世界

4. 你以为中国功夫是谁想学就能学的吗？

   你　　中国画　　你　　学　学
   你们　这个公司　你们　进　进
   他　　那个女孩　他　　见　见

5. 学着学着，女师傅就变成女朋友了。

   说　　说　　姐姐就笑了
   聊　　聊　　我们就饿了
   看　　看　　我就困得睡着了

6. 可见我的功夫还不怎么样。

   他们的汉语
   他打球的技术
   这家餐厅的菜

第九课　中国功夫

三、根据所给词语完成对话　Accomplish the dialogue according to the given words

1. A：你为什么一下子就喜欢上那个女孩子了？
   B：_____。（迷人）

2. A：世界有名的旅游胜地他几乎都去过了。
   B：_____。（不折不扣）

3. A：你连汉字都写不好，还学习什么书法呀？
   B：_____。（泼冷水）

4. A：我很担心你的身体，你一定要去西藏吗？
   B：_____。（铁了心了）

5. A：他到底会说几个国家的语言啊？
   B：_____。（精通）

6. A：我喜欢边听音乐边写汉字，快乐是快乐，可是经常写错字。
   B：_____。（一心二用）

四、按照下面的提示复述课文　Recite the text according to the prompt

课文一

（打扰　动画片　遍　无聊　迷人　偶像　不折不扣　冒出　泼　此非彼　泼冷水　功夫不负有心人　反正　铁了心了）

课文二

（师傅　什么风把你给吹来了　挑战　无事不登三宝殿　舍不得　放弃　精通　段　浪漫　正经　到底　求　好人做到底）

课文三

(种类 一招一式 神奇 着迷 身手 气度 代替 讲究 该出手时就出手 到现在 一心二用 不怎么样)

五、根据下面的情景作对话练习 Make a dialogue according to the scene

1. 内容：你和朋友谈一部中国功夫电影，如：《功夫王》、《卧虎藏龙》等。
   角色：两个朋友

2. 内容：你和朋友谈喜欢的功夫明星，如：李小龙、成龙等。
   角色：两个朋友

3. 内容：你和朋友谈知道的某一种中国功夫，如：少林拳、太极拳等。
   角色：两个朋友

六、请你说说 Have a talk

1. 如果你要学习中国功夫，你想学习哪一种？为什么？

2. 说说中国功夫电影对你和你们国家的影响。

3. 在你们国家，喜爱中国功夫的人多不多？学中国功夫的人多不多？为什么？

第十课 中奖

1. 你最近运气怎么样？
2. 如果你很有钱的话，你有什么愿望？
3. 你觉得运气很重要吗？

最近有点烦

黄佳佳：喂，是哈利吗？最近怎么样？

哈　利：别提了，最近运气不太好。考试不及格，女朋友跟我吵架，学习也没有效率，总而言之，心情很糟糕，倒霉极了。

黄佳佳：看来是不太顺利。哎，上个星期你买的彩票中奖了吗？

哈　利：你不说，我快把这事儿给忘了。大概明天能知道结果吧！

黄佳佳：那好，要是中奖了就告诉我啊。

（第二天）

哈　利：喂，是黄佳佳吗？你今天有空吗？我想请你喝茶。

黄佳佳：怎么这么客气？是不是有什么好消息？

哈　利：我买的彩票中奖了。

黄佳佳：真的？那你可得谢谢我，幸亏是我提醒你，不然你一定忘记了。

哈　利：我中奖是中奖了，但是奖金只有可怜的二十块。

黄佳佳：原来你中的是鼓励奖啊？那就算了！虽然这次只是鼓励奖，但说明你的运气在慢慢变好呢！

哈　利：可不是嘛！我请你出来，就是想跟你商量商量下一期彩票买什么号码好。

黄佳佳：啊？你还要买啊？

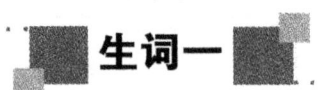 New words

1. 及格	jígé	（动）	to pass (a test)
2. 吵架	chǎo jià	（动）	to quarrel
3. 效率	xiàolǜ	（名）	efficiency
4. 总而言之	zǒng ér yán zhī		in brief
5. 糟糕	zāogāo	（形）	terrible
6. 倒霉	dǎoméi	（形）	have bad luck
7. 看来	kànlái		it seems that

8.	顺利	shùnlì	（形）	without a hitch
9.	中奖	zhòng jiǎng	（动）	win a prize in a lottery
10.	得	děi	（助）	must
11.	可怜	kělián	（形）	pitiful
12.	可不是	kě bú shi		exactly

课文二　Text

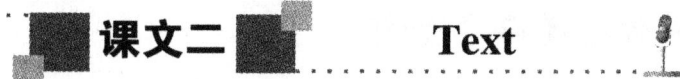

重要的是快乐

（丽莎昨天晚上做了一个梦……）

芳　子：丽莎，你在想什么呢？

丽　莎：我在想昨晚做的梦。我梦见自己中了大奖，变得很富有。

芳　子：如果你真的美梦成真，最大的愿望是什么？

丽　莎：我想去世界各地旅行，想买很多名牌的衣服，尝遍各个国家的美食，还想……

芳　子：你的想法可真不少！但是，在我看来都是吃喝玩乐，很快就会觉得烦了。

丽　莎：学习和工作是很重要，不过每天不是学习就是工作的话，会把人累坏的。重要的是自己要快乐。要是你很有钱，最想做什么？

芳　子：我会开很多学校，让穷人的孩子也能来读书。不过，我得先开一家大公司。

丽　莎：与其这么累，还不如过没有钱的生活呢。别跟自己过不去！

芳　子：即使你再有钱，也有用完的那一天。假如我开了公司，并且赚了钱，就不用担心我的学校缺钱了。另外，如果生意很好的话，我还可以去世界各地旅游。

丽　莎：原来你也懂得享受啊！

芳　子：你不是说重要的是自己要快乐吗？

生词二　New words

1. 富有　　　fùyǒu　　　　　　（形）　　rich
2. 美梦成真　měi mèng chéng zhēn　　　dream come true
3. 愿望　　　yuànwàng　　　（名）　　wish
4. 想法　　　xiǎngfǎ　　　　（名）　　thought
5. 穷　　　　qióng　　　　　（形）　　poor
6. 免得　　　miǎndé　　　　（介）　　so as not to
7. 缺　　　　quē　　　　　　（动）　　to run short of
8. 生意　　　shēngyì　　　　（名）　　business
9. 懂得　　　dǒngdé　　　　（动）　　to know

注　释

跟……过不去：对……态度不好；跟……关系不好。

买彩票

（黄佳佳晚上写了日记）

今天我给哈利打电话，哈利说最近运气不太好。主要是考试考得很糟，和女朋友的关系很紧张，所以情绪也很不好。他觉得自己最近倒霉透了。我想安慰安慰他，就提醒他关心一下上周买的彩票。没想到竟然真的中奖了。我就让哈利请我去高级餐厅庆祝，可是哈利只能请我喝茶，原来他只是中了一个鼓励奖。他认为自己的运气开始改变了，所以还想再买一次彩票。这个哈利，竟然真的开始做发财梦了。

1. 情绪	qíngxù	（名）	semtiment, mood
2. 安慰	ānwèi	（动）	console
3. 高级	gāojí	（形）	advanced
4. 庆祝	qìngzhù	（动）	celebrate

5. 只是   zhǐshì   （副）   merely
6. 竟然   jìngrán   （副）   unexpectedly

 Exercises

一、朗读下面的句子，请注意语音、语调　Read the sentences aloud and pay attention to the tone

1. 看来最近不太顺利。上个星期你买的彩票中奖了吗？
2. 你不说，我快把这事儿给忘了。大概明天能知道结果吧！
3. 怎么这么客气？是不是有什么好消息？
4. 原来你中的是鼓励奖啊？那就算了！
5. 你的想法可真不少！
6. 与其这么累，还不如过没有钱的生活呢。别跟自己过不去！
7. 原来你也懂得享受啊！
8. 你不是说重要的是自己要快乐吗？

二、替换练习　Substitution

1. 总而言之，<u>心情很糟糕，倒霉极了</u>。

> 这次会议很成功
> 能办好这件事情不容易
> 我们都希望你能来

第十课 中奖

2. 那你可得谢谢我。

我	没去过这种地方
这话	要去问校长
小王	不是这么说的

3. 在我看来都是吃喝玩乐,很快就会觉得烦了。

   这件事情并不是他的错
   咱们俩的意思是一样的
   上海的交通有了很大的改变

4. 每天不是学习就是工作的话会把人累坏的。

这样乱放	背包弄脏
这样做	朋友气坏
大声说话	孩子吓跑

5. 即使你再有钱,也有用完的那一天。

身体不舒服	要准时上班
他有很多缺点	有好的方面
要花很多时间	要做完这件事

6. 这个哈利,竟然真的开始做发财梦了。

金大永昨天睡得那么晚,	今天没有迟到
王老师的孩子只有七岁	一个人从杭州到上海来玩儿
自己做错了事	还不知道

三、根据所给词语完成对话　Accomplish the dialogue according to the given words

1. A：昨天的口语考试怎么样？

   B：_____。（糟糕）

2. A：这次找工作顺利吗？

   B：_____。（倒霉）

3. A：现在你这么有钱，不用上班了吧？

   B：_____。（即使……也……）

4. A：你觉得怎么样才能打好这次的篮球比赛？

   B：_____。（重要的是）

5. A：你们大家都去丽莎的房间干什么？

   B：_____。（安慰）

四、按照下面的提示复述课文　Recite the text according to the prompt

课文一

（及格　吵　心情　效率　倒霉　顺利　餐厅　鼓励　糟糕　中奖　可怜　算了　期　可得　看来　总而言之　可不是）

课文二

（富有　愿望　缺　享受　遍　美梦　想法　生意　懂得　幸亏……不然……　即使……也……　与其……不如……　重要的是……　跟自己过不去　不是……就是……）

第十课 中 奖

课文三

(运气　主要是　情绪　倒霉透了　安慰　高级　庆祝　竟然
只是　鼓励奖　发财梦)

五、根据下面的情景作对话练习　Make a dialogue according to the scene

1. 内容：一个多月没有联系了，给自己的朋友打电话，问对方最近怎么样。
   角色：两个朋友

2. 内容：你这个学期得到了奖学金，同学问你想用这些钱干什么，你对他说你的打算。
   角色：两个同学

3. 内容：几个朋友在聊如果有很多钱最想做什么。
   角色：几个朋友

六、请你说说　Have a talk

1. 你买过彩票吗？经常买吗？如果中奖了会做什么？

2. 富有的生活能带来什么好处？会有什么不利的结果？

3. 你相信运气会改变人生吗？

第十一课

美梦成真

 热身 Warm up

1. 你会找什么样的人做你的男（/女）朋友？
2. 跟大家谈谈你的恋爱经过。

 课文一 Text

我被她吸引住了

李　阳：大永，你最近怎么神神秘秘的，是不是有什么秘密啊？

金大永：你可真厉害，这么快就被你发现了。

李　阳：快如实招来吧！

金大永：我找女朋友了，对方是一个不错的中国女孩。

李　阳：什么？这可真是美梦成真啊！你不是一直想找一个中国女孩吗？

第十一课　美梦成真

金大永：是啊，这就叫心想事成！

李　阳：你怎么把那个姑娘追上的？

金大永：本人既英俊又浪漫，哪个女孩不喜欢啊？

李　阳：就凭你？别吹牛了！快说，怎么认识的？

金大永：（笑）看你这么好奇，我就不卖关子了。我们是在图书馆认识的，她是中文系的学生。

李　阳：那你为什么喜欢她？

金大永：通过交谈，我觉得她很纯洁，也很可爱。从那次见面起，我就被她吸引，喜欢上她了。

李　阳：那追求过程呢？

金大永：我天天给她送鲜花，直到她家里都放不下了，只好答应做我女朋友了。

李　阳：你呀，可真会开玩笑！

生词一　New words

1. 如实招来	rúshí zhāo lái		say something honestly
2. 心想事成	xīn xiǎng shì chéng		all wishes come true
3. 吹牛	chuī niú	（动）	to boast
4. 好奇	hàoqí	（形）	curious
5. 卖关子	mài guānzi		beat around the bush
6. 交谈	jiāotán	（动）	to talk with each other

7. 纯洁　　　　chúnjié　　　　（形）　　　　pure

8. 过程　　　　guòchéng　　　（名）　　　　process

课文二　　Text

坠入爱河的人就是不一样

李　阳：大永，这么长时间也不联系我，有了女友就不理朋友了？

金大永：(不好意思地笑) 最近实在是没有时间啊，真对不起！

李　阳：不过，话说回来，你气色真不错，看起来格外精神。坠入爱河的人就是不一样！

金大永：呵呵，我感觉幸福极了。现在虽然是冬天，但我心里暖暖的，就像春天一样。

李　阳：你也别高兴得太早，你们毕竟是不同国家的人。不过好在你汉语很好，两人沟通不会有问题。

金大永：放心吧！我相信我们会相处得很好的。有意思的是，她偶尔也会和我说很多话，但大部分时候喜欢静静地看着我。

李　阳：(笑) 你现在还是考察期啊！

金大永：考察期？不会吧？

李　阳：中国女孩在谈恋爱方面很谨慎。只有确定对方是自己的另一半后,才会放心地与他交往。

金大永:是吗?那我还要继续努力啊!

生词二 New words

1.	坠入	zhuìrù	(动)	to fall into
2.	爱河	àihé	(名)	love river
3.	联系	liánxì	(动)	to contact
4.	理	lǐ	(动)	to respond
5.	气色	qìsè	(名)	complexion
6.	格外	géwài	(副)	especially
7.	毕竟	bìjìng	(副)	after all
8.	好在	hǎozài	(副)	good thing
9.	相处	xiāngchǔ	(动)	to get along with
10.	偶尔	ǒu'ěr	(副)	occasionally
11.	考察期	kǎochá qī		the phase of observing
12.	确定	quèdìng	(动)	to ascertain
13.	交往	jiāowǎng	(动)	to contact

课文三 Text

女孩的心思很难猜

女孩的心思很难猜。冬天那么冷,大永的女友却要去滑冰。大永二话没说,就陪她去溜冰场了。溜冰场上,大永跟在女友身后,冻得直哆嗦,只好不停地朝手上哈气。女友滑得很高兴,最兴奋的时候还手舞足蹈起来。大永的心一下子提到嗓子眼儿上,过一会儿看她没什么事才松了一口气。由于女友滑的速度太快,一不小心,向后倒了下去,恰好压在后面大永的身上。两个人都摔倒了,躺在冰上大笑起来,愉快、爽朗的笑声传得很远。啊,真是幸福的一对儿!

生词三 New words

1. 心思　　　xīnsi　　　　　　(名)　　thought
2. 二话没说　èr huà méi shuō　　　　　without a word
3. 溜冰场　　liūbīngchǎng　　(名)　　skating rink
4. 直　　　　zhí　　　　　　　(副)　　all the time
5. 哆嗦　　　duōsuo　　　　　(动)　　to shiver
6. 哈气　　　hā qì　　　　　　(动)　　to blow
7. 兴奋　　　xīngfèn　　　　　(形)　　excited

第十一课 美梦成真

8. 手舞足蹈　shǒu wǔ zú dǎo　（形）　flourish
9. 嗓子眼儿　sǎngzi yǎnr　　　　　throat
10. 速度　　　sùdù　　　　　（名）　speed
11. 恰好　　　qiàhǎo　　　　（副）　just right
12. 压　　　　yā　　　　　　（动）　to press
13. 爽朗　　　shuǎnglǎng　　（形）　chipper

注　释

松了一口气：紧张的心情得到缓解，形容放心的样子。

一、朗读下面的句子，请注意语音、语调　Read the sentences aloud and pay attention to the tone

1. 你可真厉害，这么快就被你发现了。
2. 什么？这可真是美梦成真啊！
3. 本人既英俊又浪漫，哪个女孩不喜欢啊？
4. 就凭你？别吹牛了！快说，怎么认识的？
5. 大永，这么长时间也不联系我，有了女友就不理朋友了？
6. 最近实在是没有时间啊，真对不起！
7. 不过，话说回来，你气色真不错，看起来格外精神。坠入爱河的人就是不一样！
8. 是吗？那我还要继续努力啊！

二、替换练习　Substitution

1. 从那次见面起，我就被她吸引，喜欢上她了。

    | 现在 | 我要好好学习汉语 |
    | 小时候 | 我就喜欢上了画画 |
    | 前天 | 她就一直肚子疼 |

2. 我天天送她鲜花，直到她家里放不下了，她只好答应做我女友了。

    | 他们一直在为她加油 | 她打败了对手才松了一口气 |
    | 他很坚强 | 手术结束也没喊一声疼 |
    | 她们兴高采烈地聊天儿 | 天黑才想起还没吃晚饭 |

3. 话说回来，你的气色真不错，看起来格外精神。

    要是没有她，我也考不上大学。
    听父母的话不会错。
    他虽然脾气不好，但还是挺热情的。

4. 她偶尔也会和我说很多话，但大部分时候喜欢静静地看着我。

    | 他 | 也会为未来担心 | 大部分时候都对未来充满信心 |
    | 小李 | 出去逛逛街 | 大部分时候喜欢在家里上网 |
    | 同学之间 | 吵架不要紧 | 经常闹矛盾就不好了 |

5. 中国女孩在谈恋爱方面很谨慎。

    | 他 | 学习 | 有自己的一套方法 |
    | 大学生 | 就业 | 大部分都有一定的压力 |
    | 中国 | 经济和科学技术 | 都有了很大的发展 |

第十一课 美梦成真

6. 坠入爱河的人就是不一样！

> 名牌大学的学生
> 留过学的人
> 学了三年汉语的人

三、根据所给词语完成对话 Accomplish the dialogue according to the given words

1. A：我觉得你的同屋最近不太开心啊？怎么啦？
   B：_____。（心思）

2. A：你经常去跳健美操吗？
   B：_____。（偶尔）

3. A：小李真讨厌，把我的台灯弄坏了，还不跟我道歉。以后再也不理他了。
   B：_____。（毕竟）

4. A：她好像很喜欢看一些关于中国少数民族的书。
   B：_____。（好奇）

5. A：你上次说要让你男朋友给你买戒指，他给你买了没有啊？
   B：_____。（二话没说）

6. A：这是一个秘密，我现在还不能告诉你。
   B：_____。（卖关子）

四、按照下面的提示复述课文 Recite the text according to the prompt

课文一

（神神秘秘　秘密　如实招来　恋爱　美梦成真　既……又……　浪漫　吹牛　好奇　卖关子　中文系　通过　交谈　纯洁　可爱　从……起　被……所　直到　答应）

课文二

(联系　理　气色　格外　精神　坠入　爱河　幸福　暖　春天　毕竟　好在　沟通　相信　相处　偶尔　考察期　在……方面　谨慎　另一半　继续)

课文三

(猜　滑冰　二话没说　溜冰场　冻　哆嗦　哈气　兴奋　手舞足蹈　一下子　嗓子眼儿　松了一口气　由于　速度　一不小心　恰好　大笑　幸福　一对儿)

五、根据下面的情景作对话练习　Make a dialogue according to the scene

1. 内容：两个女同学聊自己和男朋友交往的一些事
   角色：两个女同学

2. 内容：两个男同学聊自己谈恋爱的经过
   角色：两个男同学

六、请你说说　Have a talk

1. 你如果喜欢上一个女孩子，会怎么追求她？

2. 请说说你知道的最感人的恋爱故事。

3. 你觉得在和恋人交往的过程中，最重要的是什么？

第十二课

中国的假日制度

1. 在你们国家,一年中有哪几次比较大的假期?
2. 你知道中国的哪些传统节日?请说说看。

中国的假期

李　阳:各位,国庆节就要到了,我们又可以放假啦。

丽　莎:哎,李阳,中国的假期怎么这么多啊?从上半年开始,我都数不清放了几次了。

李　阳:那我们来算算好了。你看啊,春节过后,首先是清明,接着是"五一",然后是端午,还有刚刚过去的中秋,再加上这次的国庆,一共是六次。

金大永:国庆之后还有元旦呢!

李　阳：对。全年加起来总共七次。

丽　莎：那可真够多的！我感觉去年好像没放这么多假啊？

李　阳：你说对了。从2008年开始，增加了清明、端午、中秋这三个传统节日。

金大永：这么多？一下子增加了三个。

李　阳：是的。但是把"五一"假期缩短了，由原来的"黄金周"变成了现在的一天。

金大永：这样全年假期的分布就很均衡了。

丽　莎：那"十一"呢？

李　阳："十一"照旧是黄金周，还是三天加上两个周末，总共七天。

金大永：真期待呀！咱们得好好商量商量这个黄金周应该怎么过。

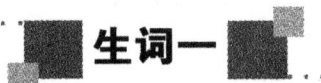

生词一　　New words

1.	数不清	shǔ bu qīng		innumerable
2.	算	suàn	（动）	calculate; count
3.	接着	jiēzhe	（连）	and; then
4.	总共	zǒnggòng	（副）	altogether; in all
5.	增加	zēngjiā	（动）	increase; add
6.	一下子	yíxiàzi		all at one time
7.	缩短	suōduǎn	（动）	cut; shorten; abbreviate
8.	黄金周	huángjīnzhōu	（名）	golden week

9. 分布	fēnbù	(动)		distribution
10. 均衡	jūnhéng	(形)		average
11. 照旧	zhàojiù	(动)		as before; as usual; unchanged
12. 期待	qīdài	(动)		expect; look forward to

课文二　Text

更合理的休假制度

金大永：李阳，自从五一黄金周取消之后，中国人的长假就只有"十一"和春节了吧？

李　阳：是的。所以，现在一年只有两次机会可以去长途旅行了。

丽　莎：我一直不明白，"黄金周"是什么意思？

金大永："黄金周"就是像黄金一样宝贵的一周。

李　阳：说得没错。一方面，人们可以利用黄金周好好地旅行，或者彻底地休息、放松；另一方面，人们的集体出游也能给国家带来巨大的经济收入。

金大永：所以，黄金周无论对于个人还是国家都是很有好处的。

丽　莎：既然这样，中国政府为什么还要取消"五一"黄金周呢？

李　阳：任何事情都有它的两面性，黄金周也不例外。全民出游会造成购票难、交通难、住宿难等一系列难以解决的问题，并且会对景区造成严重的破坏，最后是得不偿失。

金大永：所以从2009年开始中国政府实行了新的、更合理的休假制度。

生词二　New words

1. 长途	chángtú	（名）	long-distance
2. 宝贵	bǎoguì	（形）	precious
3. 出游	chūyóu	（动）	go out travelling
4. 巨大	jùdà	（形）	huge
5. 取消	qǔxiāo	（动）	cancel; abolish; call off
6. 例外	lìwài	（名）	exception; irregularity
7. 一系列	yíxìliè	（名）	a series of
8. 两面性	liǎngmiànxìng	（名）	two aspects
9. 得不偿失	dé bù cháng shī		be not worth the candle
10. 制度	zhìdù	（名）	system

课文三　Text

传统节日和西方节日

春节是辞旧迎新的节日，也是一年中最隆重的日子。

清明节的时候，人们通常会到死去的亲人的墓前纪念他们，放上一些食物、鲜花，或者他们生前喜欢的东西。我们把这叫做"扫墓"。

第十二课　中国的假日制度

　　端午节人们会吃粽子。关于端午节的来历，人们普遍认为是为了纪念中国古代著名诗人屈原。

　　"人有悲欢离合，月有阴晴圆缺。"这是古人在中秋节写的一句有名的话。意思是：人生就像月亮一样，会有各种各样的变化。中秋的月亮又大又圆。所以中秋节这一天，人们总是希望一家人能够团圆。

　　作为西方最盛大的节日——圣诞节，近年来也越来越受到中国人的欢迎和喜爱。圣诞节前后，许多大城市的街上都充满着欢乐的气氛。尽管圣诞节不放假，但人们仍然会在圣诞前夕举行一些庆祝活动。

生词三　New words

1. 辞旧迎新	cí jiù yíng xīn		ring out the old year and ring in the new
2. 隆重	lóngzhòng	（形）	ceremonious; grand; red-carpet; solemn
3. 通常	tōngcháng	（副）	usually
4. 墓	mù	（名）	grave
5. 纪念	jìniàn	（动）	memorialize; commemorate
6. 生前	shēngqián	（名）	before one's death
7. 扫墓	sǎo mù	（动）	visiting ancestral graves; pay respects to sb. at his tomb
8. 粽子	zòngzi	（名）	rice dumpling

9. 来历	láilì	（名）	background; derivation; origin
10. 离合	líhé	（动）	separate and reunion
11. 圆缺	yuánquē	（动）	round and not round
12. 盛大	shèngdà	（形）	grand
13. 前夕	qiánxī	（名）	eve

练习 Exercises

一、朗读下面的句子，请注意语音、语调 Read the sentences aloud and pay attention to the tone

1. 中国的假期怎么这么多啊？

2. 那我们来算算好了。

3. 那可真够多的！

4. "黄金周"就是像黄金一样宝贵的一周。

5. 黄金周无论对于个人还是国家都是很有好处的。

6. 既然这样，中国政府为什么还要取消"五一"黄金周呢？

7. 任何事情都有它的两面性，黄金周也不例外。

8. "人有悲欢离合，月有阴晴圆缺"，是古人在中秋节写的一句有名的话。

第十二课　中国的假日制度

二、替换练习　Substitution

1. 那<u>我们来算算</u>好了。

我们先回家
见面再说
就买这件

2. 但是把"五一"假期缩短了，由原来的"黄金周"变成了现在的 一天。

减肥成功后，我		60公斤	50公斤
涨价之后，	猪肉价格	7块一斤	10块一斤
当上经理后，	他的薪水	5000块	7000块

3. 自从"五一"黄金周取消之后，<u>中国人的长假就只有"十一"和春节了</u>吧？

我离开上海	就再也没回去过。
听了他的话	她就一直不开心。
知道了好朋友的情况	他就一直替他担心。

4. <u>黄金周</u>无论对于<u>个人</u>还是<u>国家</u>都是<u>很有好处</u>的。

骑自行车	环境保护	身体健康	很有好处
长时间上网	眼睛	皮肤	没有好处
保护环境	地球	人类	很有必要

5. 既然这样，<u>中国政府为什么还要取消五一黄金周呢</u>？

你不喜欢他	为什么还要跟他在一起呢
你来了	为什么不吃完晚饭再走呢
你已经等了这么长时间了	为什么不多等一会儿呢

6. 关于端午节的来历，人们普遍认为是为了纪念中国古代著名诗人屈原。

> 面试的结果，你可以上网查询
> 他的具体情况，我不是十分了解
> 旅游的知识，掌握得越多越好

三、根据所给词语完成对话　Accomplish the dialogue according to the given words

1. A：这次我们学院有多少同学可以获得奖学金？
   B：＿＿＿＿＿＿＿＿＿＿＿＿＿＿＿＿。（增加）

2. A：今天的会开得太长了，我觉得没有必要。
   B：＿＿＿＿＿＿＿＿＿＿＿＿＿＿＿＿。（缩短）

3. A：哈利，你不是说今天晚上有约会吗？怎么没出去？
   B：＿＿＿＿＿＿＿＿＿＿＿＿＿＿＿＿。（取消）

4. A：关于这件事情，大家的想法都一样吗？
   B：＿＿＿＿＿＿＿＿＿＿＿＿＿＿＿＿。（例外）

5. A：＿＿＿＿＿＿＿＿＿＿＿＿＿＿＿＿。（一系列）
   B：都是些什么问题？你具体说说。

6. A：他因为又要学习又要工作，所以很少和朋友联系。
   B：＿＿＿＿＿＿＿＿＿＿＿＿＿＿＿＿。（得不偿失）

四、按照下面的提示复述课文　Recite the text according to the prompt

课文一

(怎么这么……　从……开始　数不清　首先……接着……然后……还有……再加上　总共　真够……　增加　一下子　缩短　由……变

成…… 分布 照旧 期待)

课文二

(自从……之后 长途旅行 黄金周 宝贵 一方面……另一方面…… 彻底 巨大 经济 收入 无论……还是…… 既然这样…… 取消 两面性 例外 一系列 得不偿失 实行 合理)

课文三

(春节 辞旧迎新 隆重 清明节 通常 纪念 食物 鲜花 生前 端午节 粽子 来历 屈原 "人有悲欢离合,月有阴晴圆缺" 古人 圣诞节 近年来 受到 圣诞前夕 充满 举行)

五、根据下面的情景作对话练习　Make a dialogue according to the scene

1. 内容:两个留学生讨论他们国家的休假制度。
   角色:两个留学生

2. 内容:两个留学生谈论他们各自喜欢的一个传统节日。
   角色:两个留学生

六、请你说说　Have a talk

1. 你们国家有黄金周吗?

2. 你认为黄金周分别有哪些好处和哪些坏处?

第十三课

我觉得自己应该没问题

1. 你当过义工吗？谈谈你的感想。
2. 你做过志愿者吗？简单介绍一下你的工作经历。

正好能用上我的特长

丽　莎：最近在忙什么？

金大永：除了学习，还要忙工作，连喘气的时间都没有了。

丽　莎：是吗，做什么工作？

金大永：我在为韩国曲棍球队做翻译。

丽　莎：听说翻译的工作不好干。你行吗？

金大永：看你说的，别瞧不起人！我自学了一些体育术语，而且还接受了培训。

第十三课　我觉得自己应该没问题

丽　莎：哦！那还差不多。不过话说回来，这不过是一个兼职罢了，何必这么认真呢？

金大永：实话对你说吧，这是我第一次做翻译，心里没把握，不认真不行啊！

丽　莎：不管怎么说，你还是挺有事业心的。

金大永：不是我有事业心，而是我特别喜欢这个工作，还正好能用上我的特长。

丽　莎：这么辛苦，待遇应该不错吧？

金大永：是不错。每日三餐免费，还提供免费通信。

丽　莎：听上去倒是不错，收入怎么样？

金大永：我免费提供服务！

丽　莎：啊！你多半还在实习吧？

金大永：哎呀！不卖关子了，我是志愿者。

丽　莎：原来是这样啊！

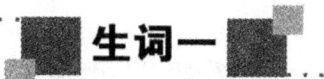 生词一 New words

1.	义工	yìgōng	（名）	volunteer
2.	喘	chuǎn	（动）	breath heavily
3.	曲棍球	qūgùnqiú	（名）	hocky
4.	瞧不起	qiáobuqǐ	（动）	look down upon, despise
5.	术语	shùyǔ	（名）	a jargon; terminology; a buzzword

6. 接受	jiēshòu	(动)	to accept
7. 培训	péixùn	(名)	training
8. 兼	jiān	(动)	holding two or more (official)
9. 何必	hébì	(副)	why should, there's no need
10. 把握	bǎwò	(名)	certainty, assurance
11. 待遇	dàiyù	(名)	wages
12. 提供	tígōng	(动)	to provide
13. 通讯	tōngxùn	(动)	communication
14. 多半	duōbàn	(副)	mostly

课文二 Text

我也想当义工

(哈利在网上看到李阳还没睡,就跟他聊了起来……)

哈 利:都半夜了,你还在学习吗?

李 阳:哪里是学习,我是在给爷爷奶奶们准备礼物。

哈 利:爷爷奶奶们?你哪儿冒出来这么多亲戚?

李 阳:你误会了。我在附近的敬老院做义工。重阳节快到了,我打算送老人们一些贺卡。

哈 利:原来如此。真看不出来,你还会照顾老人。

李 阳:其实没什么。说是照顾,其实只是陪他们说说话,散散

第十三课 我觉得自己应该没问题

步而已。

哈　利：就这么简单？

李　阳：是啊！老人们可健谈了。有时候我简直就是去做听众，想插嘴也插不上。

哈　利：一定是平时没人和他们说话，太寂寞了。

李　阳：可不是嘛！有些老人，恨不得把一辈子的故事全讲给我们听。

哈　利：是吗？

李　阳：所以看到他们开心的样子，我心里可有成就感了！

哈　利：真让人感动！你看，我能不能也去做义工？

李　阳：那还不是一句话？现在就开始吧，赶紧帮忙写贺卡！

生词二　　New words

1.	敬老院	jìnglǎoyuàn	（名）	home for the aged; seniors' home
2.	重阳节	Chóngyáng Jié		the Double Ninth Festival
3.	健谈	jiàntán	（形）	talkative
4.	听众	tīngzhòng	（名）	audience; listeners
5.	插嘴	chā zuǐ	（动）	to break into a conversation or statement
6.	寂寞	jìmò	（形）	lonely; lonesome

7. 可不是（嘛） certainly it is…… (a rhetorical question)

8. 恨不得　hèngbude　（动）　eager to/cannot wait

9. 一辈子　yíbèizi　（名）　cradle-to-grave; lifelong

10. 成就　chéngjiù　（名）　achievements; accomplishments

11. 赶紧　gǎnjǐn　（副）　hurriedly; post-haste

注　释

那还不是一句话？用反问句强调做一件事非常简单。

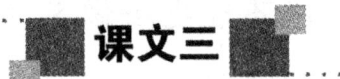

我也忍不住想去试试

最近大家都很忙，金大永忙着做志愿者，李阳忙着做义工。看他们每天都过得很充实，我也有点儿羡慕了。李阳说敬老院的老人都很热情好客，对义工就像对亲人似的。我也忍不住想去试试。我在美国也做过义工，但是从来没有照顾老人的经验。也不知道老人们看到一个外国人到底会不会喜欢。不过，我觉得自己应该没问题。

听了李阳的介绍，不由得让我想起了我的爷爷奶奶。他们虽然生活得还不错，但是一定也会孤独、寂寞。很长时间没跟

第十三课　我觉得自己应该没问题

他们联系了，还真不免有些惦记。回国以后，我一定要常回家看看。

生词三　New words

1. 忍不住　rěn bu zhù　　　　　　can not help doing
2. 充实　chōngshí　（形）　substantial
3. 好客　hàokè　（形）　hospitality; keep open house
4. 亲人　qīnrén　（名）　one's family members
5. 到底　dàodǐ　（副）　on earth
6. 不由得　bùyóude　（副）　can't help doing sth.
7. 孤独　gūdú　（形）　solitary; lonely; alone; isolated
8. 不免　bùmiǎn　（副）　unavoidable
9. 惦记　diànji　（动）　to remember with concern

练习　Exercises

一、朗读下面的句子，请注意语音、语调　Read the sentences aloud and pay attention to the tone

1. 看你说的，别瞧不起人！

2. 这不过是一个兼职罢了，何必这么认真呢？

3. 实话对你说吧，这是我第一次做翻译，心里没把握，不认真不行啊！

4. 这么辛苦，待遇应该不错吧？

5. 你多半还在实习吧？

6. 就这么简单？

7. 老人们可健谈了。

8. 那还不是一句话？

二、替换练习　Substitution

1. 看你说的，<u>别瞧不起人</u>！

   我怎么会不相信你呢
   他不是这种人
   有这么难吗？

2. 这不过是<u>一个兼职</u>罢了，何必<u>这么认真</u>呢？

   她的想法　　和她争论
   一个玩笑　　生气
   一个梦　　　这么难过

3. 实话对你说吧，<u>这是我第一次做翻译，心里没把握，不认真不行啊</u>！

   我也不知道他是谁的朋友
   你说的话让她很难过
   这个菜我不想吃

第十三课　我觉得自己应该没问题

4. <u>这是我的第一份工作，不认真不行啊！</u>

　　读写考试题目很多　　　快点儿
　　你的基础不太好　　　　多做练习
　　她等这个消息等了一年　告诉她

5. 不管怎么说，<u>你还是挺有事业心的</u>。

　　钱得还给你
　　我还是想出国看看
　　大家都考得不错

6. 说是<u>照顾</u>，其实只是<u>陪他们说说话，散散步</u>而已。

　　看书　　　拿着书睡觉
　　锻炼　　　散散步
　　学电脑　　为了玩玩儿电脑游戏

三、根据所给词语完成对话　Accomplish the dialogue according to the given words

1. A：连我都觉得难，你怎么可能看得懂？
   B：_____。（多半）

2. A：黄佳佳这次考得不理想，所以她多半一个人在房间里伤心呢。
   B：_____？（何必）

3. A：你一个星期就能学会开车吗？
   B：_____。（把握）

4. A：你今天怎么吃了这么多巧克力？
   B：_____。（恨不得）

5. A：哈利今天上课讲的故事太有趣了。
   B：_____。（忍不住）

6. A：你看他吃饭的样子，多香啊！
   B：_____。（不由得）

四、按照下面的提示复述课文　Recite the text according to the prompt

课文一

（喘　兼　棍球　术语　接受　何必　把握　待遇　提供　通讯　倒是　多半　瞧不起　卖关子　不管怎么说……）

课文二

（亲戚　误会　敬老院　义工　重阳节　说是……其实……　只是……而已……　健谈　听众　插嘴　寂寞　恨不得　一辈子　成就　赶紧）

课文三

（充实　热情　好客　亲人　忍不住　到底　不由得　孤独　不免　惦记）

五、根据下面的情景作对话练习　Make a dialogue according to the scene

1. 内容：中国朋友要毕业了，找他聊聊他最近的情况。
   角色：留学生和中国学生

2. 内容：你很想在学校运动会上做志愿者，你问一个志愿者你应该怎么做？
   角色：你和一个志愿者

3. 内容：爷爷或者奶奶很想你，所以打电话给你，你也想知道他们过得怎么样。

　　角色：你和你爷爷或奶奶

六、请你说说　Have a talk

1. 你去过敬老院或孤儿院吗？有什么感想？

2. 你觉得什么样的义工最受欢迎？

3. 如果有时间，你会去做义工吗？为什么？

第十四课

你听说过汉语桥比赛吗？

热身　Warm up

1. 你会唱中国歌吗？会唱几首？
2. 你觉得唱歌是学习汉语的好方法吗？
3. 你参加过汉语比赛吗？

课文一　Text

我想最好选一首有点儿难度的

黄佳佳：哈利，去年的汉语演讲比赛你得了一等奖吧？今年的又开始报名了，你还参加吗？

哈　利：不了，今年我要参加卡拉OK比赛。

黄佳佳：对了，我差点儿忘了，你唱歌可是一流水平啊！

哈　利：哪里，你过奖了。

黄佳佳：那你准备唱什么歌？

第十四课 你听说过汉语桥比赛吗？

哈　利：还没找到合适的，我想最好选一首有点儿难度的。

黄佳佳：有难度的？周杰伦的怎么样？他的歌，歌词可是很有难度。

哈　利：他的歌？何止是有难度，简直是超级有难度！

黄佳佳：是啊，听说很多中国人都听不懂他在唱什么。

哈　利：对啊，我没法儿唱。

黄佳佳：对了，民歌也不错，最好是原生态的。原汁原味，保证让评委眼前一亮。

哈　利：你就饶了我吧。民歌就够难的了，原生态还不要了我的命！

黄佳佳：这样才能让大家领略你的风采啊。

生词一　New words

1.	难度	nándù	（名）	difficulty
2.	一流	yīliú	（形）	best; first-rate; first-class
3.	过奖	guòjiǎng	（动）	overpraise; undeserved compliment
4.	何止	hézhǐ	（副）	not only
5.	歌词	gēcí	（名）	lyric
6.	超级	chāojí	（副）	super-
7.	原生态	yuánshēngtài		primitive; original
8.	原汁原味	yuán zhī yuán wèi		of native flavor
9.	饶	ráo	（动）	forgive; beg for mercy

10. 领略　　　lǐnglüè　　（动）　　appreciate; realize
11. 风采　　　fēngcǎi　　（名）　　elegant demeanour

课文二　Text

他们的汉语水平实在是太高了

（一群朋友在聊"汉语桥"比赛）

李　阳：大家看湖南电视台的"汉语桥"了吗？感觉怎么样？

黄佳佳：看了。那些留学生的汉语水平实在是太高了！我真想问问他们是怎么学的！

金大永：我也是惊讶得嘴都合不上了。他们怎么会说得那么好？

丽　莎：是啊，你看他们，说相声的说相声，背唐诗的背唐诗，写书法的写书法，还有人能讲一口地道的方言呢。

黄佳佳：简直是大开眼界！

李　阳：别说你们了，连我都佩服得五体投地。

哈　利：看了他们的表演，我才知道自己的汉语水平还差得远呢！

丽　莎：是啊。我也觉得需要加把劲了！

黄佳佳：唉，跟他们一比，我觉得自己真是缺乏语言天赋。

李　阳：话可不能这么说！都说一分耕耘一分收获，我想他们也不是天生就能说得那么好。

哈　利：是啊！大家不要泄气。今后我们努力学习，说不定哪天

第十四课　你听说过汉语桥比赛吗？

我也能站在"汉语桥"的舞台上呢。

大　家：说的对，我们一起加油！

生词二　New words

1. 惊讶　　jīngyà　　（动）　　suprise
2. 合　　　hé　　　　（动）　　close
3. 地道　　dìdao　　（形）　　standard
4. 方言　　fāngyán　（名）　　dialect
5. 大开眼界　dà kāi yǎnjiè　　open one's eyes; broaden one's horizon
6. 佩服　　pèifu　　（动）　　admire
7. 五体投地　wǔ tǐ tóu dì　　extremely admire
8. 缺乏　　quēfá　　（动）　　be short of; lack
9. 天赋　　tiānfù　　（名）　　talent
10. 耕耘　　gēngyún　（动）　　cultivation; ploughing and weeding
11. 天生　　tiānshēng　　　　naturally; possessed at birth; inborn
12. 泄气　　xiè qì　　（动）　　lose heart
13. 舞台　　wǔtái　　（名）　　stage

注　释

加把劲：付出更多的努力。

课文三 Text

关于"汉语桥"比赛

"汉语桥"是一个世界性的大学生汉语比赛,由中国国家汉办主办,目前为止已经举办了七届。在历届的汉语桥比赛中,产生了许许多多优秀的选手,很多人现在已经在中国定居了。

举办这个比赛的目的是在世界范围内推广汉语,推广中国文化,使对中国感兴趣的大学生能够有机会更加深入地了解中国,体验中国文化。当然,这个比赛也影响或改变了很多人的未来。

得到冠军就意味着你的汉语水平得到了大多数人的认可。凭这个成绩,申请去中国任何一所名校留学都是小菜一碟,找一份好工作当然也是不费吹灰之力的事情了。

生词三 New words

1. 目前为止 mùqián wéi zhǐ　　　　so far
2. 届　　　jiè　　　(名)　session
3. 定居　　dìngjū　(动)　settle
4. 范围　　fànwéi　(名)　range
5. 推广　　tuīguǎng　(动)　generalize

第十四课 你听说过汉语桥比赛吗？

6. 深入	shēnrù	（动）	embed; go deep into; penetrate thorough
7. 意味	yìwèi	（动）	means; imply
8. 认可	rènkě	（动）	recognize; certificate
9. 申请	shēnqǐng	（动）	apply
10. 小菜一碟	xiǎo cài yì dié		a piece of cake

注　释

1. 国家汉办：即国家汉语国际推广领导小组办公室。
2. 不费吹灰之力：表示做事情像吹灰尘一样很容易。

练习 Exercises

一、朗读下面的句子，请注意语音、语调 Read the sentences aloud and pay attention to the tone

1. 何止是有难度，简直是超级有难度！
2. 你就饶了我吧。
3. 这样才能让大家领略你的风采啊。
4. 那些留学生的汉语水平实在是太高了！
5. 简直是大开眼界！
6. 别说你们了，连我都佩服得五体投地。
7. 说不定哪天我也能站在"汉语桥"的舞台上呢。
8. 得到冠军就意味着你的汉语水平得到了大多数人的认可。

二、替换练习　Substitution

1. 何止是<u>有难度</u>，简直是<u>超级有难度</u>！

听不懂	一点儿都听不懂
难看	超级难看
饿	饿死了

2. <u>民歌</u>就够<u>难</u>的了，<u>原生态</u>还不要了我的命！

这样	快	再快	把人累死了
北京	冷	哈尔滨	把人冻死了
35度	热	38度	把人热坏了

3. 说相声的<u>说相声</u>，背唐诗的<u>背唐诗</u>，写书法的<u>写书法</u>，还有人能讲一口地道的方言呢。

学生们睡觉	睡觉	聊天	聊天	听音乐	听音乐	人打电话呢
家里人上班	上班	上学	上学	买菜	买菜	人出去晨练
操场上踢球	踢球	跑步	跑步	做操	做操	人放风筝呢

4. 别说<u>你们</u>了，连我都佩服得五体投地。

干活了	走路都很累
10楼了	5楼我都爬不上去
明天了	周末我都没有时间

5. "汉语桥"由<u>国家汉办</u><u>主办</u>，目前为止已经举办了七届。

这件事	王老师负责
新年晚会	他们负责布置会场
展览会	家电协会主办

第十四课　你听说过汉语桥比赛吗？

6. 得到冠军就意味着你的汉语水平得到了大多数人的认可。

考了第一名	奖学金是你的了
到了18岁	你不再是小孩子了
毕业了	以后全部要靠自己了

三、根据所给词语完成对话 Accomplish the dialogue according to the given words

1. A：你觉得今天的考试怎么样？
   B：_____。（难度）

2. A：你觉得这家湖南菜馆的菜味道怎么样？
   B：_____。（地道）

3. A：_____。（大开眼界）
   B：我也觉得很好，有机会还要再来看。

4. A：刚才看了功夫表演，你有什么感想？
   B：_____。（佩服）

5. A：我已经很努力了，可是总觉得做不好这件事。
   B：_____。（泄气）

6. A：小张和小李昨天举行了婚礼。
   B：_____。（意味）

四、按照下面的提示复述课文 Recite the text according to the prompt

课文一

（一等奖　卡拉OK比赛　一流水平　难度　周杰伦　何止……简直……　民歌　原生态　眼前一亮　饶　领略）

课文二

("汉语桥" 惊讶 相声 唐诗 书法 地道 大开眼界 别说你们……连我…… 佩服 五体投地 差得远 加把劲 天赋 一分耕耘一分收获 泄气)

课文三

("汉语桥" 七届 历届 定居 推广 深入 体验 未来 意味 正式 认可 小菜一碟 不费吹灰之力)

五、根据下面的情景作对话练习　Make a dialogue according to the scene

1. 内容：两个同学谈论学习汉语有哪些好方法。
   角色：两个同学

2. 内容：一个留学生在鼓励他的同学参加汉语桥比赛。
   角色：两个留学生

六、请你说说　Have a talk

1. 如果有机会，你愿意参加汉语桥比赛吗？

2. 你学习汉语的目的是什么？是因为感兴趣还是为了找一份好工作？

第十五课

长不大的孩子

1. 你的朋友都开始工作了吗？
2. 有朋友毕业后一直不工作吗？他们不工作的原因是什么？
3. 你喜欢购物吗？每个月都会花很多钱去买东西吗？

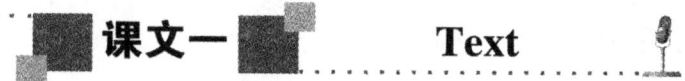

我可不是"啃老族"

丽　莎：芳子，回国后就找工作吗？

芳　子：这得看情况，如果暂时找不到，就等等看。

丽　莎：你是不是想当"啃老族"？

芳　子：我才不想呢！怎么？你也知道"啃老族"？

丽　莎：我在网上看到过相关的报道，现在越来越多的年轻人毕业后仍然靠父母生活。

芳　子：没错！不过在这些人中，有很多人可不是找不着工作，相反，他们往往有高学历。

丽　莎：难怪，那是父母溺爱孩子，怕他们吃苦。

芳　子：你说的没错，但也不能把责任都推到家长身上。很多年轻人是因为害怕竞争，现在竞争太激烈了。

丽　莎：对，关键还是自己。没有试过，怎么知道不行？心理承受能力也太差了！

芳　子：还有一些名校毕业，能力也很强的大学生，由于嫌工作不称心就干脆待业在家。

丽　莎：不像话！都已经毕业了，还净给家里添负担。

芳　子：丽莎，你毕业后不找工作，不会也想逃避就业吧？

丽　莎：瞧你说的，找工作有什么可怕的？我可不是长不大的"啃老族"！

生词一　New words

1. 情况　　　qíngkuàng　　（名）　situation; circumstances
2. 暂时　　　zànshí　　　　（形）　temporary; provisional; impermanent
3. 等等看　　děng děng kàn　　　　wait and see (what will happen)
4. 靠　　　　kào　　　　　（动）　depend upon
5. 往往　　　wǎngwǎng　　（副）　usually; more often than not
6. 难怪　　　nánguài　　　（连）　no wonder

第十五课　长不大的孩子

7.	溺爱	nì'ài	（动）	to spoil (a child, etc.); to dote on
8.	吃苦	chīkǔ	（动）	to bear (or endure) hardships
9.	关键	guānjiàn	（名）	a key point; a key factor
10.	嫌	xián	（动）	to detest; to dislike; to mind
11.	称心	chènxīn	（形）	desirable to one's taste
12.	待业	dàiyè	（动）	job-waiting
13.	不像话	bú xiànghuà		unreasonable; nonsensical; absurd
14.	净	jìng	（副）	completely
15.	添	tiān	（动）	to add; to increase
16.	负担	fùdān	（名）	a burden; an encumbrance; a load
17.	可怕	kěpà	（形）	frightening, horrible
18.	就业	jiùyè	（动）	to get a job; to take up an occupation

注　释

瞧你说的：一般放在句子开头，表示说话人不同意对方的看法，后面一般会说出自己的看法。

课文二 Text

我反而更担心了

（黄佳佳跟金大永聊他表弟的工作……）

黄佳佳：金大永，你表弟找到工作了吗？

金大永：上个月就开始上班了，在一家计算机公司工作。

黄佳佳：真的吗？这下好了，可以摆脱"啃老族"的称号了。

金大永：我也替他高兴呢，现在我舅舅和舅妈应该放心了。

黄佳佳：你也别太乐观了。你知道吗？最近有这么一群人，大家管他们叫"月光族"。

金大永：这名字倒是很好听。怎么？他们都是上夜班的？

黄佳佳：哪里，叫他们"月光族"，是因为他们工资一发下来就花光，到了月底一点儿积蓄都没有。有时候为了购物，还要透支呢。

金大永：原来是这么个"月光族"啊？花费这么大，也许本来就很富裕吧？

黄佳佳：这你可猜错了。他们虽然收入稳定，但大多数是刚刚开始工作的年轻人。

金大永：你还别说，我那个表弟平时就有大手大脚的习惯，现在有了工作，我反而更担心了。

生词二　New words

1. 计算机　jìsuànjī　（名）　computer
2. 摆脱　bǎituō　（动）　to break away from; to get out of
3. 称号　chēnghào　（名）　a title; a designation; an appellation
4. 舅舅　jiùjiu　（名）　uncle (mother's brother)
5. 乐观　lèguān　（形）　optimistic
6. 夜班　yèbān　（名）　night duty; night shift; night work
7. 积蓄　jīxù　（名）　savings; a hoard of money; a fund
8. 透支　tòuzhī　（动）　to overdraw one's account
9. 花费　huāfèi　（名）　(an) expense; expenditure; money spent
10. 富裕　fùyù　（形）　abundant; affluent; well-to-do; well-off

课文三　Text

又是一件伤脑筋的事

（晚上，金大永在房间里写日记……）

前些日子，还在为表弟找工作的事情着急。现在他终于开始上班了，可是，我又担心表弟也成为"月光族"。虽然我不像家长们那么保守，但也不赞成这种"吃光用光，身体健康"的消费方式。不过月光族们也有自己的理由：挣多少花多少。工作时埋头苦干，享受时就要潇洒一点儿。这个月把工资用完，下个月才会更有动力去工作。表弟本来就喜欢赶时髦，什么流行就追什么。如果他也变成"月光族"，那可又是一件伤脑筋的事啊！

生词三 New words

1. 伤脑筋　　shāng nǎojīn　　　　　　bothersome; nerve-racking; vexing
2. 家长　　　jiāzhǎng　　（名）　　the parent or guardian of a child
3. 保守　　　bǎoshǒu　　（形）　　conservative
4. 赞成　　　zànchéng　　（动）　　to agree with; to be in favor of
5. 埋头苦干　mái tóu kǔ gàn　　　　work at something with utmost concentration
6. 潇洒　　　xiāosǎ　　　（形）　　(of one's appearance and manner) natural and unrestrained; casual and elegant
7. 动力　　　dònglì　　　（名）　　motive power
8. 赶时髦　　gǎn shímáo　　　　　　to follow the fashion

第十五课　长不大的孩子

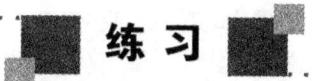

一、朗读下面的句子，请注意语音、语调　Read the sentences aloud and pay attention to the tone

1. 你是不是想当"啃老族"？
2. 难怪，那是父母溺爱孩子，怕他们吃苦。
3. 没有试过，怎么知道不行？心理承受能力也太差了！
4. 不像话！都已经毕业了，还净给家里添负担。
5. 不会也想逃避就业吧？
6. 瞧你说的，找工作有什么可怕的？
7. 真的吗？这下好了，可以摆脱"啃老族"的称号了。
8. 原来是这么个"月光族"啊？

二、替换练习　Substitution

1. 我才<u>不想</u>呢！

她	不会帮你
我	不怕
这儿的菜不算辣，四川菜	辣

2. <u>有很多人</u>可不是<u>找不着工作</u>，相反，<u>他们往往有高学历，家庭条件也不错</u>。

金大永	不努力	他经常学习到很晚。
王老师	想学英语	她的英语非常好。
他	一定要看电影	他对电影没什么兴趣

3. 你毕业后不找工作，不会也想逃避就业吧？

我的手机怎么找不到了	丢了
他的汉语这么好	是中国人
丽莎怎么还没来	把这事儿忘记了

4. 找工作有什么可怕的？

跟大家跳舞	不好意思
我唱歌	不对
写作文	难

5. 大家管他们叫"月光族"。

同学们	小李	大哥哥
我	他	叔叔
丽莎	小王	老师

6. 什么流行就追什么。

好看	买
容易	学
好听	听

三、根据所给词语完成对话　Accomplish the dialogue according to the given words

1. A：她以前的专业就是钢琴。
   B：_____。（难怪）
2. A：金大永的朋友还没有毕业就想去找工作，为什么这么着急？
   B：_____。（负担）
3. A：他晚上打电话的时候声音总是很大，同屋都睡不着。
   B：_____。（不像话）

第十五课　长不大的孩子

4. A：别人管你叫"啃老族"，这可不好听啊。
   B：_____。（摆脱）

5. A：我的朋友每天学习八个小时，可是考试还是考不好。
   B：_____。（伤脑筋）

6. A：听说你生病了？吃药了吗？
   B：_____。（反而）

四、按照下面的提示复述课文　Recite the text according to the prompt

课文一

（看情况　暂时　等等看　相关　相反　往往　难怪　溺爱　吃苦　竞争　关键　由于……　称心　待业　不像话　净　添负担　不会也想逃避　就业　瞧你说的　可不是……）

课文二

（计算机　摆脱　称号　替他高兴　舅舅　乐观　管……叫……　夜班　积蓄　透支　花费　富裕　稳定　消费）

课文三

（为……着急　终于　上班　不像……那么……　保守　赞成　潇洒　动力　时髦　什么……就……什么　伤脑筋）

五、根据下面的情景作对话练习　Make a dialogue according to the scene

1. 内容：妈妈和刚刚工作的儿子讨论怎么用钱的问题。
   角色：妈妈和孩子

2. 内容：朋友有收入，但是经常向你借钱，你问他原因。
   角色：你和朋友

3. 内容：你的大学同学毕业后一直没有去工作，你们俩聊这个话题。
   角色：你和大学同学

六、请你说说　Have a talk

1. 你毕业后会马上找工作吗？还是先在家里休息休息，当"啃老族"？

2. 如果现在只有一个工作机会，但是很辛苦，你会去做吗？为什么？

3. 你觉得工作以后的工资应该怎么用？你会给父母一些吗？

七、辩论　Debate

1. 有人说"啃老族"是因为社会压力大才留在家里，有人说因为家庭溺爱孩子才会有"啃老族"。你觉得产生"啃老族"的原因是什么？
   正方：社会造成啃老族。社会竞争激烈，毕业生不好找工作，即便找到工作，在生活上也不可能完全独立，因此只能在家"啃老"。
   反方：家庭造成啃老族。因为溺爱和传统思想，使得大多数父母不得不用自己的大半生积蓄供养早已成年的子女们。

2. 很多"啃老族"是因为工作不理想，所以不去工作，可是也有人说不管怎么说，不工作是不对的。你同意哪一种想法？为什么？
   正方：应该去做自己喜欢的工作，实现自己的理想。如果不喜欢现在的工作，就不去工作。
   反方：毕业以后，应该马上找工作。即使是不喜欢的工作也要做。不要给父母增加负担。

生 词 表

A

爱河	àihé	11
安慰	ānwèi	10
按摩师	ànmóshī	1
熬夜	áo yè	1

B

把握	bǎwò	13
白领	báilǐng	5
摆脱	bǎituō	15
宝贵	bǎoguì	12
保健	bǎojiàn	1
保守	bǎoshǒu	15
保证	bǎozhèng	1
抱怨	bàoyuàn	7
被盗	bèi dào	6
被迫	bèipò	6
本科	běnkē	5
必不可少	bì bù kě shǎo	2
毕竟	bìjìng	11
编	biān	8
表面	biǎomiàn	1
别提了	bié tí le	6
病菌	bìngjūn	2
播放	bōfàng	5
不像话	bú xiàng huà	15

不至于	búzhìyú	6
不免	bùmiǎn	13
不由得	bù yóu de	13
不折不扣	bù zhé bú kòu	9

C

采访	cǎifǎng	5
参谋	cānmóu	3
差别	chābié	8
插嘴	chā zuǐ	13
长途	chángtú	12
场景	chǎngjǐng	3
超级	chāojí	14
吵架	chǎo jià	10
称心	chènxīn	15
称号	chēnghào	15
成分	chéngfèn	2
成就	chéngjiù	13
诚心诚意	chéng xīn chéng yì	5
承认	chéngrèn	6
承受	chéngshòu	1
吃苦	chīkǔ	15
吃亏	chī kuī	6
充满	chōngmǎn	2
充实	chōngshí	13
愁	chóu	7

出谋划策	chū móu huà cè	5
出游	chūyóu	12
处	chǔ	8
传统	chuántǒng	4
喘	chuǎn	13
吹牛	chuī niú	11
纯洁	chúnjié	11
辞旧迎新	cí jiù yíng xīn	12
从而	cóng'ěr	7
粗心	cūxīn	6
搓	cuō	4

D

搭配	dāpèi	3
打扮	dǎbàn	3
大方	dàfāng	8
大开眼界	dà kāi yǎn jiè	14
大意	dàyì	6
代替	dàitì	5
待业	dàiyè	15
待遇	dàiyù	13
单身	dānshēn	5
耽误	dānwù	6
淡季	dànjì	4
倒（是）	dào (shì)	2
倒霉	dǎoméi	10
到此一游	dào cǐ yì yóu	4
到底	dào dǐ	9/13
得不偿失	dé bù cháng shī	12
得体	détǐ	3

得	děi	10
等等看	děng děng kàn	15
抵抗	dǐkàng	2
地道	dìdao	14
地狱	dìyù	7
惦记	diànji	13
殿	diàn	9
掉队	diào duì	6
跌	diē	7
定居	dìngjū	14
懂得	dǒngdé	10
动不动	dòng bu dòng	6
动画片	dònghuàpiān	9
动力	dònglì	15
独特	dútè	5
独一无二	dú yī wú'èr	8
段	duàn	9
对象	duìxiàng	5
顿时	dùnshí	2
多半	duōbàn	13
哆嗦	duōsuo	11

E

二话没说	èr huà méi shuō	11

F

烦恼	fánnǎo	6
繁忙	fánmáng	1
反正	fǎnzhèng	7
范围	fànwéi	14
方式	fāngshì	8

方言	fāngyán	14
放弃	fàngqì	9
放松	fàngsōng	2
分布	fēnbù	12
分享	fēnxiǎng	3
芬多精	fēnduōjīng	2
风采	fēngcǎi	14
风险	fēngxiǎn	7
否则	fǒuzé	4
负担	fùdān	15
负离子	fùlízǐ	2
副	fù	3
富有	fùyǒu	10
富裕	fùyù	15

G

概括	gàikuò	4
赶紧	gǎnjǐn	13
赶时髦	gǎnshímáo	15
感情	gǎnqíng	8
感悟	gǎnwù	7
干部	gànbu	3
高级	gāojí	10
歌词	gēcí	14
隔	gé	4
格外	géwài	11
根本	gēnběn	5
耕耘	gēngyún	14
公务员	gōngwùyuán	5
沟通	gōutōng	8

估计	gūjì	1
孤独	gūdú	13
古老	gǔlǎo	1
鼓励	gǔlì	8
股票	gǔpiào	7
固定	gùdìng	1
固然	gùrán	6
怪不得	guài bu de	8
关键	guānjiàn	15
规律	guīlǜ	7
过程	guòchéng	11
过奖	guòjiǎng	14

H

哈气	hā qì	11
好客	hàokè	13
好奇	hàoqí	11
好在	hǎozài	11
合	hé	14
合理	hélǐ	12
何必	hébì	13
何止	hézhǐ	14
恨不得	hèng bu de	13
花费	huāfèi	15
画衫	huàshān	4
欢喜	huānxǐ	7
环境	huánjìng	4
缓解	huǎnjiě	1
黄金周	huángjīnzhōu	12
回忆	huíyì	6

婚姻	hūnyīn	5		解释	jiěshì	8
获得	huòdé	3		届	jiè	14
活力	huólì	2		尽量	jǐnliàng	3
获利	huòlì	7		谨慎	jǐnshèn	7
				进入	jìnrù	2
J				近年	jìnnián	2
积累	jīlěi	3		惊讶	jīngyà	14
积蓄	jīxù	15		精神	jīngshen	3
及格	jígé	10		精通	jīngtōng	9
即使	jíshǐ	7		景点	jǐngdiǎn	4
急躁	jízào	8		景色	jǐngsè	6
集中	jízhōng	5		净	jìng	15
计算机	jìsuànjī	15		竞争	jìngzhēng	5
纪念	jìniàn	12		竟然	jìngrán	10
寂寞	jìmò	13		敬老院	jìnglǎoyuàn	13
家长	jiāzhǎng	15		纠纷	jiūfēn	6
嘉宾	jiābīn	1		舅舅	jiùjiu	15
兼	jiān	13		就业	jiùyè	15
坚硬	jiānyìng	8		举办	jǔbàn	5
简直	jiǎnzhí	8		巨大	jùdà	12
健身房	jiànshēnfáng	1		绝对	juéduì	3
健谈	jiàntán	13		均衡	jūnhéng	12
讲究	jiǎngjiu	9				
奖学金	jiǎngxuéjīn	3		**K**		
交谈	jiāotán	11		看来	kànlái	10
交往	jiāowǎng	11		考察期	kǎocháqī	11
接触	jiēchù	5		靠	kào	15
接受	jiēshòu	13		可不是	kě bú shi	10
接着	jiēzhe	12		可不是(嘛)	kěbu shi ma	13
结合	jiéhé	8				

可见	kějiàn	9	忙碌	mánglù	5
可怜	kělián	10	盲人	mángrén	1
可怕	kěpà	15	冒出	màochū	9
可惜	kěxī	7	美梦成真	měi mèng chéng zhēn	10
恐怕	kǒngpà	7			
枯燥	kūzào	1	美中不足	měi zhōng bù zú	6
夸大	kuādà	3	迷	mí	7
垮	kuǎ	1	迷人	mírén	9
	L		觅	mì	5
来历	láilì	12	免得	miǎndé	10
浪漫	làngmàn	9/11	面临	miànlín	1
乐观	lèguān	15	名不虚传	míng bù xū chuán	4
冷静	lěngjìng	7	名列前茅	míng liè qián máo	3
离合	líhé	12	命运	mìngyùn	7
理	lǐ	11	模拟	mónǐ	3
厉害	lìhài	7	目前为止	mù qián wéi zhǐ	14
例外	lìwài	12	沐浴	mùyù	2
联系	liánxì	11	墓	mù	12
两面性	liǎngmiànxìng	12		**N**	
领带	lǐngdài	3	纳闷	nàmèn	8
领略	lǐnglüè	14	耐心	nàixīn	8
溜冰场	liūbīngchǎng	11	难度	nándù	14
隆重	lóngzhòng	12	难怪	nánguài	15
旅途	lǚtú	6	闹别扭	nào bièniu	6
落伍	luò wǔ	8	溺爱	nì'ài	15
	M		牛市	niúshì	7
埋头苦干	mái tóu kǔ gàn	15	弄虚作假	nòng xū zuò jiǎ	3
卖关子	mài guānzi	11		**O**	
瞒	mán	5	偶尔	ǒu'ěr	11

偶像	ǒuxiàng	9		情不自禁	qíng bú zì jīn	2
P				情况	qíngkuàng	15
排出	páichū	2		情绪	qíngxù	10
牌子	páizi	5		情愿	qíngyuàn	6
赔	péi	7		庆祝	qìngzhù	10
培训	péixùn	13		穷	qióng	10
佩服	pèifu	14		曲棍球	qūgùnqiú	13
碰到	pèngdào	1		取消	qǔxiāo	12
疲倦	píjuàn	4		圈	quān	1
偏	piān	8		缺	quē	10
拼命	pīn mìng	1		缺乏	quēfá	14
凭	píng	3		确定	quèdìng	11
泼	pō	9				
普遍	pǔbiàn	7		**R**		
				饶	ráo	14
Q				人体	réntǐ	2
期待	qīdài	12		忍不住	rěn bu zhù	13
其实	qíshí	2		忍耐	rěnnài	6
气度	qìdù	9		认可	rènkě	14
气色	qìsè	11		荣幸	róngxìng	3
恰好	qiàhǎo	11		柔软	róuruǎn	8
千万	qiānwàn	3				
前夕	qiánxī	12		**N**		
浅	qiǎn	1		如实招来	rú shí zhāo lái	11
瞧不起	qiáo bu qǐ	13		**S**		
巧	qiǎo	8		嗓子眼儿	sǎngziyǎnr	11
亲戚	qīnqi	4		扫墓	sǎo mù	12
亲人	qīnrén	13		扫兴	sǎoxìng	6
清气	qīngqì	2		森林浴	sēnlínyù	2
清醒	qīngxǐng	2		伤脑筋	shāng nǎojīn	15

上阵	shàng zhèn	5		数不清	shǔ bu qīng	12
少林拳	shàolínquán	9		爽	shuǎng	2
奢侈	shēchǐ	1		爽朗	shuǎnglǎng	11
舍不得	shě bu de	9		顺利	shùnlì	10
舍得	shěde	1		素质	sùzhì	4
申请	shēnqǐng	14		速度	sùdù	11
身手	shēnshǒu	9		算	suàn	12
深呼吸	shēnhūxī	2		随意	suíyì	3
深入	shēnrù	14		缩短	suōduǎn	12
神秘	shénmì	8		所谓	suǒwèi	7
神奇	shénqí	9		**T**		
甚至	shènzhì	8		贪吃	tānchī	6
生前	shēngqián	12		讨论	tǎolùn	6
生意	shēngyì	10		提供	tígōng	13
省得	shěngde	7		提心吊胆	tí xīn diào dǎn	7
盛大	shèngdà	12		提醒	tíxǐng	3
师傅	shīfu	9		体会	tǐhuì	3
时尚	shíshàng	2		体验	tǐyàn	2
实话实说	shí huà shí shuō	3		替	tì	5
实力	shílì	3		天赋	tiānfù	14
事项	shìxiàng	3		天生	tiānshēng	14
是否	shìfǒu	3		天堂	tiāntáng	7
释放	shìfàng	2		添	tiān	15
收获	shōuhuò	5		挑战	tiǎozhàn	8
收盘	shōu pán	7		铁	tiě	9
收入	shōurù	5		听众	tīngzhòng	13
手舞足蹈	shǒu wǔ zú dǎo	11		通常	tōngcháng	12
舒适	shūshì	1		通宵	tōngxiāo	1
术语	shùyǔ	13		通讯	tōngxùn	13

统计	tǒngjì	5
痛快	tòngkuài	2
头脑	tóunǎo	2
投机	tóu jī	7
投资	tóu zī	1
透支	tòuzhī	15
徒步	túbù	4
推广	tuīguǎng	14
拖	tuō	5

W

外企	wàiqǐ	5
顽固	wángù	8
完美	wánměi	8
万一	wànyī	6
往往	wǎngwǎng	15
危机	wēijī	1
文明	wénmíng	4
稳定	wěndìng	5
无聊	wúliáo	9
无情	wúqíng	7
无所谓	wúsuǒwèi	6
五体投地	wǔ tǐ tóu dì	14
舞台	wǔtái	14
误会	wùhuì	4

X

吸入	xīrù	2
吸收	xīshōu	2
稀奇	xīqí	5
喜悦	xǐyuè	2
瞎	xiā	8
仙境	xiānjìng	4
嫌	xián	15
显著	xiǎnzhù	2
现场	xiànchǎng	5
现金	xiànjīn	6
羡慕	xiànmù	7
相比	xiāngbǐ	7
相处	xiāngchǔ	11
相当	xiāngdāng	2
相当于	xiāngdāngyú	4
相关	xiāngguān	7
相貌	xiàngmào	5
香气	xiāngqì	2
相亲	xiāng qīn	3
享受	xiǎngshòu	2
想法	xiǎngfǎ	10
项目	xiàngmù	1
潇洒	xiāosǎ	15
小菜一碟	xiǎo cài yì dié	14
小巧玲珑	xiǎo qiǎo líng lóng	4
小溪	xiǎoxī	2
效率	xiàolǜ	10
泄气	xiè qì	14
心旷神怡	xīn kuàng shén yí	2
心理	xīnlǐ	7
心思	xīnsi	11
心态	xīntài	7
心想事成	xīn xiǎng shì chéng	11

薪	xīn	5		意外	yìwài	6
信用卡	xìnyòngkǎ	6		意味	yìwèi	14
兴奋	xīngfèn	11		一直以来	yì zhí yǐ lái	8
兴高采烈	xìng gāo cǎi liè	8		印象	yìnxiàng	3
兴起	xīngqǐ	2		应聘	yìngpìn	3
形容	xíngróng	4		英俊	yīngjùn	5
幸亏	xìngkuī	3		赢得	yíngdé	3
性感	xìnggǎn	8		拥有	yōngyǒu	5
雄厚	xiónghòu	3		优雅	yōuyǎ	8
熊市	xióngshì	7		犹豫不决	yóu yù bù jué	8
修养	xiūyǎng	4		游戏	yóuxì	8
选择	xuǎnzé	4		有利于	yǒulìyú	2
学历	xuélì	5		有心人	yǒuxīnrén	9

Y

				欲	yù	5
压	yā	11		缘故	yuángù	8
要不然	yàoburán	3		原生态	yuánshēngtài	14
夜班	yèbān	15		原汁原味	yuán zhī yuán wèi	14
一流	yīliú	14		圆缺	yuánquē	12
依然	yīrán	5		愿望	yuànwàng	10
一心二用	yī xīn èr yòng	9		晕	yūn	9
一辈子	yíbèizi	13				

Z

一旦	yídàn	3		赞成	zànchéng	15
一系列	yíxìliè	12		暂时	zànshí	15
一下子	yíxiàzi	12		糟糕	zāogāo	10
一夜暴富	yí yè bào fù	7		着迷	zháo mí	9
义工	yìgōng	13		增加	zēngjiā	12
一模一样	yì mú yí yàng	8		障碍	zhàng'ài	4
意识	yìshi	6		招聘	zhāopìn	3
意识到	yìshidao	1		照旧	zhào jiù	12

长辈	zhǎngbèi	4		主持人	zhǔchírén	1
针对	zhēnduì	3		主席	zhǔxí	3
珍珠	zhēnzhū	4		赚	zhuàn	7
镇静	zhènjìng	3		装束	zhuāngshù	3
争论	zhēnglùn	6		追求	zhuīqiú	8
整天	zhěngtiān	7		坠入	zhuìrù	11
正经	zhèngjing	9		准	zhǔn	8
直	zhí	11		浊气	zhuóqì	2
值得	zhídé	4		着装	zhuózhuāng	3
职位	zhíwèi	3		资金	zījīn	7
职责	zhízé	3		自来水	zìláishuǐ	4
只是	zhǐshì	10		总而言之	zǒng ér yán zhī	10
制度	zhìdù	12		总共	zǒnggòng	12
秩序	zhìxù	4		总算	zǒngsuàn	6
中奖	zhòng jiǎng	10		粽子	zòngzi	12
终于	zhōngyú	8		足够	zúgòu	4
种类	zhǒnglèi	9		足疗	zúliáo	1
重阳节	Chóngyáng Jié	13		最佳	zuìjiā	2
周到	zhōudào	6		作怪	zuòguài	7
周围	zhōuwéi	1				
逐渐	zhújiàn	5				